DAS ELB-WESER-DREIECK III

EXKURSIONEN:

BREMERHAVEN
CUXHAVEN
WORPSWEDE

Führer zu vor- und frühgeschichtlichen Denkmälern

herausgegeben vom

Römisch-Germanischen Zentralmuseum Mainz

in Verbindung mit dem
Nordwestdeutschen und dem West- und Süddeutschen Verband
für Altertumsforschung

VERLAG PHILIPP VON ZABERN · MAINZ AM RHEIN

Führer zu vor- und frühgeschichtlichen Denkmälern

BAND 31

Das Elb-Weser-Dreieck III

Exkursionen: Bremerhaven · Cuxhaven · Worpswede

mit Beiträgen von:
H. Aust · H. W. Böhme · J. Deichmüller · D. Ellmers
F. Güntzler · W. Haarnagel · H.-J. Häßler · G. Jacob-Friesen
E. Klemeyer · E. Künzl · R. Lembcke · B. Scheper · G. Schlechtriem
P. Schmid · K.-P. Schulz · A. Tode · W. H. Zimmermann

VERLAG PHILIPP VON ZABERN · MAINZ AM RHEIN

FOTONACHWEIS

Titelbild:
Modell der Feddersen Wierde (s. S. 57).

© 1976 Verlag Philipp von Zabern, Mainz
ISBN 3–8053–0146–4
Gesamtherstellung: Philipp von Zabern, Mainz
Printed in Western Germany · Imprimé en Allemagne

Dem Andenken an

LUDWIG ROSELIUS d. Ä.

*Erbauer der Böttcherstraße zu Bremen
und Schöpfer des Vorgeschichtsmuseums ,,Väterkunde''*

(1874–1943)

INHALTSVERZEICHNIS

Exkursionen

I. EXKURSION: BREMERHAVEN – CUXHAVEN – FLÖGELN

II. EXKURSION: OSTERHOLZ-SCHARMBECK – WORPSWEDE – GNARRENBURG

Vorwort

„*Die ganze altdeutsche Vorzeit unseres Vaterlandes mit ihren dü-
steren Urwäldern, belebt von Bären, Elentieren und Auerochsen,
ihren riesigen, sittenreinen und freiheitdurchglühten Recken, ihren
hohen edlen Frauen und Jungfrauen, ihren keuschen Jünglingen, die
den Schwertertanz aufführten, ihren alten Barden und Opferprie-
stern – alles das erregte mit solcher Macht meine Phantasie, daß ich
an nichts anderes dachte, von nichts anderem träumte, nichts anderes lesen, nichts hören mochte als Geschichten unserer Urväter. Die
Gegenwart kam mir unsäglich schal vor, das heutige entnervte Geschlecht verachtete ich aus tiefster Seele; ich wollte werden wie die
Väter waren . . . Ich mußte eines Tages nach der Geest wallfahrten,
wo einst die heiligen deutschen Haine gerauscht hatten, wo die gra-
nitenen Opfersteine ragen und die halbversunkenen Hünengräber
der grauen Vorzeit. In mächtiger Begeisterung sank ich nieder auf
die Heide, küßte den geweihten Boden, und am Hünenmal betete
ich zu Wodan, und mit erhobenen Händen tat ich einen heiligen
Schwur, so keusch und bieder, kühn und freiheitsliebend zu werden,
wie die Väter es waren.*"
*Mit diesen überschwenglichen Worten hat der Marschendichter
Hermann Allmers (1821–1902) rückblickend seine erste jugendliche
Begegnung mit der Vorzeit seiner Heimat geschildert. Mag ein Teil
seiner Begeisterung auch der Empfindsamkeit seiner Jugend zuzu-
rechnen sein – daß „ein schales und entnervtes Geschlecht" sich ein
idealisiertes Bild der Vorzeit schuf und dieses sehnsüchtig zum Maßstab seines eigenen Lebens machte, ist kennzeichnend für den Geist
der jungen Generation in den Jahren vor 1848. Die von der Roman-
tik entzündete Begeisterung hatte zur Folge, daß die Denkmäler der
Vorzeit, die schon seit dem 17. Jahrhundert immer wieder einmal
das Interesse gelehrter Herren geweckt hatten, jetzt unter ganz anderen Voraussetzungen verehrt und erforscht wurden.*

,,*Wann bauete der Mensch zuerst seine Wohnungen auf dem meer-entstiegenen Lande unserer Marschen? Wes Stammes waren die ersten Marschbewohner? Woher kamen sie? Waren es die Urväter der heutigen Bevölkerung oder gehörten sie einem längst verdrängten, längst untergegangenen Geschlechte an?*"

Diese Fragen durchziehen Allmers' ,,Marschenbuch", das dem größeren Vaterland die Natur und Geschichte seiner Heimat kenntnisreich und von poetischer Liebe verklärt darstellte und kennzeichnenderweise im gleichen Jahre 1857 erschien wie W. H. Riehls ,,Die Pfälzer".

Das Großsteingrab Lehnstedt 95 auf der Heiner Grenze nach einer Zeichnung von Hermann Allmers (1845).

Die der altdeutschen Vorzeit zugewandte Begeisterung des frühen 19. Jahrhunderts hat sich in dessen zweiter Hälfte in wissenschaftliche Forschung verwandelt. Während Allmers selbst sein Leben lang von den poetischen Eindrücken seiner Jugend geprägt blieb, wuchsen um ihn und vielfach von ihm gefördert Männer einer jüngeren Generation heran, die die Vorzeit nicht mehr idealisierten, sondern ihre Rätsel mit den nüchternen wissenschaftlichen Methoden ihrer Zeit lösen wollten. Zum großen Teil fanden sie sich in dem 1892 von Allmers gegründeten Heimatbund der „Männer vom Morgenstern" zusammen. Dessen Jahrbuch gibt ebenso wie seine im Krieg leider arg mitgenommenen Sammlungen Zeugnis vom wissenschaftlichen Ernst der damaligen archäologischen Landesforschung im Elbe-Weser-Dreieck. Von diesen Männern seien nur J. Bohls und H. Müller-Brauel genannt, denen als Jüngere Karl Waller und Hans Gummel zur Seite traten. Durch ihre Arbeiten sind viele der Fragen, die H. Allmers einst gestellt hatte, beantwortet worden, allerdings in einer viel umfassenderen und diffizileren Art als er erwarten konnte. Andererseits haben sich dadurch wieder viele neue Problemstellungen eröffnet. So sind wir heute in der Lage, die Entwicklung der extrem schwierigen Lebensformen in dem zwischen Elbe- und Wesermündung gelegenen Küstengebiet halbwegs zu übersehen.

Wir wissen, daß dieses Land bereits im Paläolithikum zum ersten Mal von Menschen aufgesucht wurde. Vom Neolithikum an haben sich Riesensteingräber, Grabhügel, Burganlagen und Wurten als Zeugen vor- und frühgeschichtlicher Besiedlung erhalten. Durch die großen Plangrabungen W. Haarnagels auf der Feddersen Wierde und die von P. Schmid durchgeführten Untersuchungen bei Flögeln haben wir detaillierte Einblicke in das Aufblühen und Vergehen frühgeschichtlicher Siedlungen erhalten, wie sie in ähnlicher Klarheit nur an wenigen anderen Stellen möglich sind.

Den Besucher des Elbe-Wesergebietes mit diesen Denkmälern der Vorzeit vertraut zu machen, ist das Ziel dieses Buches. Es bildet eine Einheit mit Band 29 (Elb-Weser-Dreieck I: Einführende Aufsätze) und Band 30 (Elb-Weser-Dreieck II: Forschungsprobleme – Exkursion Stade · Zeven · Bremervörde) dieser Reihe.

Der vorliegende Führer erscheint zur gemeinsamen Tagung des Nordwestdeutschen und des West- und Süddeutschen Verbandes für Altertumsforschung, die vom 11. 10.–16. 10. 1976 in Worpswede stattfindet. Der Dank der Herausgeber gilt zunächst den Kollegen, die

die Auswahl der hier behandelten Denkmäler getroffen und die in den Bänden 30 und 31 der Reihe beschriebenen Exkursionen festgelegt haben: Herrn H. Aust in Bederkesa, Herrn D. Ellmers in Bremerhaven, Herrn P. Schmid in Wilhelmshaven und Herrn A. Tode in Worpswede. Zu Dank verpflichtet sind wir auch allen Autoren, die Aufsätze aus ihrem Arbeitsgebiet zur Verfügung gestellt haben. Dank gebührt Herrn H. W. Böhme, der die Last der Redaktion getragen hat und dabei von Frau G. Clauß und den Herren F. J. Hassel und O. Höckmann unterstützt wurde. Die neu hergestellten Zeichnungen stammen von Frau H. Ribbeck, Frau M. Schmitt und Herrn H. Schmidt im Römisch-Germanischen Zentralmuseum zu Mainz. Zu danken ist Herrn Verleger F. Rutzen, der mit seinen Mitarbeitern das pünktliche Erscheinen des Buches ermöglicht hat. Zu Dank verpflichtet sind die Herausgeber ferner Herrn Edgar H. Purvogel, dem Geschäftsführer der Stiftung ,,Roselius-Museum für Frühgeschichte" in Worpswede und Direktor der Böttcherstraße in Bremen.

Die Herausgeber sagen auch Herrn Konsul Dr. Ludwig Roselius dem Jüngeren Dank, der das Erscheinen des Buches durch die Gewährung eines Druckkostenzuschusses unterstützt hat. Sein Vater, Konsul Dr. h. c. Ludwig Roselius der Ältere, hatte sich in den politischen, sozialen und kulturellen Wandlungen, die die Zeit nach dem 1. Weltkrieg mit sich brachte, bemüht, ,,die Spuren unserer starken Ahnen" aufzufinden und sie für den Weg in die Zukunft zu nutzen. In diesem Bestreben hat er die Böttcherstraße in Bremen erbaut, das Väterkundemuseum gegründet, das große Werk ,,Deutsche Kunst" herausgegeben und die ,,Nordischen Things" einberufen, bei denen Vorträge von ausländischen und deutschen Gelehrten der Erforschung und Wiederbelebung der Vorzeit dienen sollten. Das Bild der Vorzeit, das ihm als Wegweiser in den geistigen Auseinandersetzungen seiner Zeit vor Augen stand, war hoch idealisiert, ebenso wie das Bild der Urväter, für das H. Allmers hundert Jahre früher geschwärmt hatte. Gewiß ist es nicht möglich, den Geist einer vergangenen Epoche in seiner ursprünglichen Eigenart wiedererstehen zu lassen. Da er aber in die große Kontinuität unserer geistigen Überlieferung eingegangen ist und in dieser – uns bewußt oder unbewußt – fortwirkt, reizt es uns immer aufs Neue, die Vergangenheit und mit ihr die Voraussetzungen unseres eigenen Lebens kennenzulernen. Es war deshalb eine gute Entscheidung von Herrn Dr. Roselius dem Jüngeren, daß er das hohe Lebensziel seines Vaters wieder aufgegriffen und in einer unserer Zeit gemäßen Form neu verwirklicht hat, indem er dem Väterkundemuseum im Roselius-Museum für Frühgeschichte in Worpswede eine neue Stätte gab. In der reizvollen Verbindung mit der ländlichen Abgeschiedenheit dieses Ortes wird das Roselius-Museum viele historisch interessierte Besucher anziehen und sie mit den Denkmälern der Vorzeit bekanntmachen. Damit wird in unserer Zeit wieder ein Teil der großen Aufgabe erfüllt, der nach dem Willen ihres Schöpfers auch die Böttcherstraße und alle mit ihr verbundenen Werke dienen sollten: modernen Menschen die Denkmäler der Vergangenheit zu erschließen und sie der historischen Traditionen bewußt zu machen, in denen sie stehen. Zu diesem Ziel will auch die Reihe ,,Führer zu vor- und frühgeschichtlichen Denkmälern" einen Beitrag leisten. Die Herausgeber erlauben sich deshalb, den vorliegenden Band dem Andenken an Ludwig Roselius den Älteren und sein Werk zu widmen.

Mainz, im September 1976

Kurt Böhner
Geschäftsführender Direktor
des Römisch-Germanischen
Zentralmuseums

VERZEICHNIS DER ORTE, WÜSTUNGEN, BURGEN UND BERGE

Die *kursiv* gedruckten Ziffern bezeichnen die wichtigsten Erwähnungen.

ZEITTAFEL ZUR UR- UND FRÜHGESCHICHTE FÜR DAS NÖRDLICHE NIEDERSACHSEN

von G. Jacob-Friesen

		Spätsächsisch-karolingische Zeit
700	Nachchristliche Eisenzeit	Völkerwanderungszeit
375		
180		Römische Kaiserzeit jüngere ältere
um Chr. Geb.		
	Vorchristliche Eisenzeit	Stufe von Seedorf
		Stufe von Ripdorf
		Stufe von Jastorf b a
500		
		Stufe von Wessenstedt (P. VI)
700		
	Bronzezeit	Jüngere Bronzezeit (P. IV-V)
1100		
		Ältere Bronzezeit (P. II-III)
		Frühe Bronzezeit (P. I)
1600		
	Neolithikum (Jüngere Steinzeit)	Dolchzeit
		Glockenbecherkultur
		Einzelgrabkultur
		Trichterbecherkultur
3000		
4000	Mesolithikum (Mittlere Steinzeit)	
8000		
9000		Ahrensburger Kultur
11000	Jung-	Hamburger Kultur
	Paläolithikum (Ältere Steinzeit)	
35000	Mittel-	
70000		

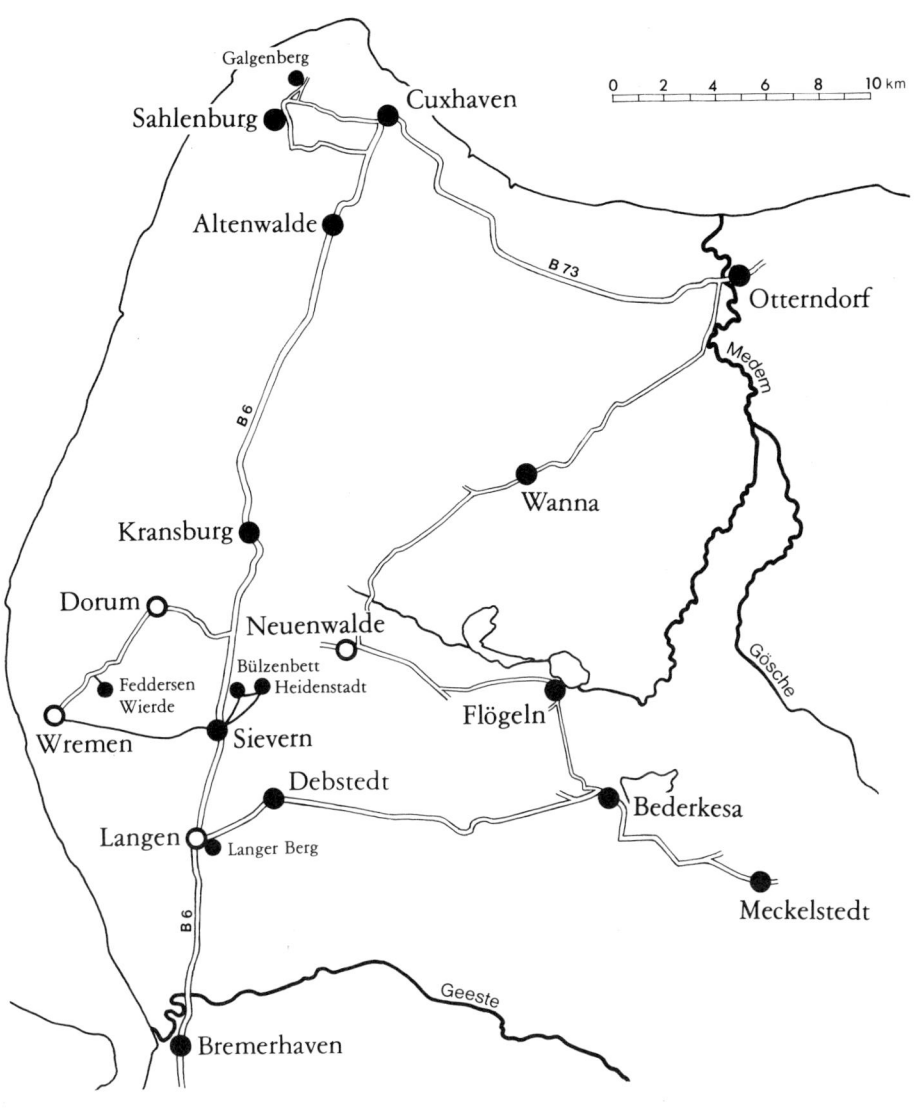

I. EXKURSION:
BREMERHAVEN – CUXHAVEN – FLÖGELN

Geschichte

Die Geschichte der heutigen Stadt Bremerhaven beginnt mit der bremischen Gründung von Hafen und Siedlung an der Wesermündung im Jahre 1827 mit dem Namen Bremerhaven. Hierdurch, wie auch durch die königlich-hannoversche Gründung Geestemündes im Jahre 1845, trat das Unterwesergebiet wieder aus dem Schatten der Geschichte, in dem es jahrhundertelang gestanden hatte. In der Zeit um 1000 n. Chr. brach hier eine reiche und vielgestaltige Entwicklung ab, was sicherlich auch eine Folge wirtschaftlicher Umorientierung war, deren Gründe aber noch nicht ganz erforscht sind. Möglicherweise wird dabei die über zweihundert Jahre andauernde und erst um das Jahr 1000 abklingende Normannengefahr an der Küste eine Rolle gespielt haben. Bodendenkmäler, Fundgut und erst in jüngster Zeit ausgewertete schriftliche Zeugnisse sind Belege dieser einstmals bedeutenden Vergangenheit. Sie lassen Vorgängersiedlungen des alten Ortes Lehe (heute Stadtteil von Bremerhaven) erkennen, die im frühen Mittelalter, vielleicht aber auch zur Zeit der Völkerwanderung schon bestanden. Die Gründung und der Ausbau der späteren „Minderstadt" und des Marktes Lehe erfolgte im hohen Mittelalter, vermutlich im 12. Jh., durch Zusammensiedlung der Einwohner verschiedener um die alte Siedlung Lehe gruppierter Ortschaften, von denen jüngst einige als mittelalterliche Wüstungen nachgewiesen werden konnten. Ein später Nachklang dieser Entwicklung ist die Aufgabe der Siedlung Ganderse im 15. Jh. und der Umzug ihrer Bewohner nach Lehe. Im Mittelalter übte Lehe als Marktort die Funktion einer Stadt im städtearmen Raum aus, ohne aber als Stadt im rechtlichen Sinne gelten zu können. Bäuerliche und kaufmännisch-gewerbliche Züge dieses Ortes standen nebeneinander. Die städtischen Funktionen von Lehe gewannen erst mit der Gründung Bremerhavens (1827) an Bedeutung.

Weiterhin sind an ehemals selbständigen mittelalterlichen Orten im Bereich des heutigen Bremerhaven das im Jahre 1091 erwähnte Weddewarden (damals Teil des Landes Wursten) sowie die im Jahre 1139 urkundlich aufgeführten Orte Wulsdorf und Geestendorf (einstmals zum Vieland gehörig) zu erwähnen.

Vorgänge und Ereignisse in der Zeit des hohen und späten Mittelalters hier im Gebiet der Unterweser blieben in ihrer Bedeutung auf die Region beschränkt. Dies änderte sich, als der 1672 begonnene Versuch Schwedens, auf der nördlichen Seite der Geestemündung in der Feldmark Lehe eine große Handelsstadt – verbunden mit einer Festung – anzulegen, großes Aufsehen erregte. Dies geschah im Bereich einer mittelalterlichen Siedlung, deren Größe und Bedeutung allerdings unbekannt ist. Auch waren die Leher Schanzen zur Zeit des schwedischen Gründungsversuches bereits errichtet. Die schwindende Großmachtstellung Schwedens und seine kläglichen Finanzen verhinderten jedoch schließlich die vollständige Durchführung dieses Vorhabens, und auch in der Folgezeit sollte es lediglich bei Planungen in diesem Raum bleiben. Erst die bremische Gründung Bremerhavens im Jahre 1827 setzte neue zukunftsträchtige städtische Akzente, als nämlich auf der Grundlage eines am 11. Januar 1827 zwischen Hannover und Bremen geschlossenen Staatsvertrages Bremerhaven gegründet wurde. Das geschah auf dem Boden der Karlsburg, der schwedischen Gründung von 1672. Die Initiative zu dieser Gründung geht auf den Bremer Bürgermeister Johann Smidt zurück, der so zum Gründer Bremerhavens, so wie es bis 1939 bestand, wurde. Planung und Ausbau von Häfen und Stadt lagen vornehmlich in den Händen des aus den Niederlanden (Amsterdam) gebürtigen Wasserbauingenieurs Jacobus Johannes van Ronzelen, dem, nächst Smidt, das größte Verdienst um die Anlage von Hafen und Stadt zuzuerkennen ist.

In der Folgezeit wurde die Bedeutung Bremerhavens gesteigert durch die Aufnahme des regelmäßigen Schiffsverkehrs zwischen den Vereinigten Staaten von Amerika und dem europäischen Kontinent, der im Jahre 1847 mit der Ankunft des Dampfschiffes

,,Washington" seinen Anfang nahm. Der schon früh einsetzende Aufschwung Bremerhavens (1832 etwa 200 Einwohner, 1870 aber bereits über 10000) wurde dadurch begünstigt, daß Bremerhaven seit 1830 bevorzugter Hafen für die Auswanderung nach Übersee wurde, dann aber auch dadurch, daß 1857 der Norddeutsche Lloyd gegründet wurde, für den Bremerhaven zum Haupthafen wurde. Auch entwickelte sich in Bremerhaven bereits kurz nach der Gründung eine rege Werftindustrie. Das 1827 gegründete Bremerhaven ist heute Mitte und Kern der vereinigten Unterweserorte, die bereits zu einem ,,größeren Bremerhaven" zusammengewachsen sind.

Nach der Gründung Bremerhavens durch Bremen errichtete 1845/47 das Königreich Hannover auf Geestendorfer Gebiet gegenüber dem bremischen Bremerhaven den Hafen und Ort Geestemünde sowie 1863 den Handelshafen. Anfänglich waren Reis, Holz und Petroleum die bedeutendsten Importprodukte. Als Säulen der Geestemünder Wirtschaft entwickelten sich eine leistungsfähige Werftindustrie (Rickmers, Tecklenborg und Seebeck) und vor allem die Hochseefischerei (Entsendung des ersten Fischdampfers ,,Sagitta" 1885 durch F. Busse; Eröffnung des Fischereihafens 1896). Als weitere hervorstechende Daten der städtischen Entwicklung sollen hier noch genannt werden: Zusammenschluß von Geestendorf und Geestemünde zu Geestemünde (1889), Eingemeindung Wulsdorfs und Fischereihafenerweiterung auf Wulsdorfer Gebiet (1920), Vereinigung der preußischen Städte Lehe und Geestemünde zur Stadt Wesermünde (1924), Eingemeindung Weddewardens, des Schiffdorferdamms und eines Teiles von Langen (1927).

Im Jahre 1938 erfolgte die Ausgliederung des eigentlichen, räumlich begrenzten Überseehafengebietes und dessen Eingemeindung in die Stadt Bremen bei gleichzeitiger Bildung des vorläufigen Stadtkreises Bremerhaven sowie die Eingliederung der Stadt Bremerhaven in die preußische Stadt Wesermünde – ,,Stadt der Hochseefischerei" – im Jahre 1939. Seit 1939 umfaßte nunmehr das Stadtgebiet unter dem damaligen Namen ,,Wesermünde" die in enger Siedlungs- und

Wirtschaftsgemeinschaft stehenden Städte Lehe, Bremerhaven, Geestemünde mit dem früheren Geestendorf und die Stadtbezirke Wulsdorf, Schiffdorferdamm, Weddewarden sowie einen Teil der Gemeinde Langen. 1947 gelangte das ehemalige preußische Wesermünde unter bremische Staatshoheit. Es wurde im gleichen Jahre durch Beschluß der Stadtverordnetenversammlung in den weltbekannten Namen ,,Bremerhaven'' umbenannt und bildet heute zusammen mit Bremen den Zweistädtestaat des Bundeslandes Bremen.

Sofort begann man damals, die Zerstörungen des Zweiten Weltkrieges zu beseitigen, wurde die Stadt doch durch Luftangriffe zu 56% zerstört. Die Innenstadt wies sogar einen Zerstörungsgrad von 97% auf. Der Wiederaufbau war etwa mit dem Jahre 1955 abgeschlossen.

In jüngster Zeit hat die Stadt Bremerhaven neue urbane und städtebauliche Schwerpunkte gesetzt, die in der Eröffnung der Stadthalle (1974), eines Teilstücks der Autobahn (1974), der Einweihung des Deutschen Schiffahrtsmuseums (1975) und der Grundsteinlegung zum Columbuscenter (1976), das der Neugestaltung der Stadtmitte dient, sich zu erkennen geben.

Bremerhaven hat heute 142000 Einwohner. Es ist führender Container- sowie bedeutender Passagier- und Fischereihafen der Bundesrepublik Deutschland, 66 km nördlich von Bremen am seetiefen Wasser gelegen. Der Container-Terminal ist die größte geschlossene Anlage ihrer Art in Europa.

B. Scheper

Das Deutsche Schiffahrtsmuseum

Das Deutsche Schiffahrtsmuseum wurde 1971 als Stiftung privaten Rechts (Träger: Land und Stadt Bremen sowie Stadt Bremerhaven) unter Beteiligung des Bundes an den Investitionskosten gegründet mit den Aufgaben, die deutsche Schiffahrtsgeschichte
1. zu erforschen,
2. in historischen Beständen zu sammeln und
3. der Öffentlichkeit darzustellen.

Die durch die Naturwissenschaften zu erfassenden Aspekte des Meeres sollen ebenso wenig Gegenstand des neuen Museums sein wie die Schiffahrtsgeschichte fremder Länder, soweit sie den deutschen Bereich nicht beeinflußte. Innerhalb dieser Abgrenzung richtet sich der Blick von vornherein auf die totale Erfassung der schiffahrtsbezogenen Kultur.

Der Leitgedanke. Den aus dieser Aufgabenstellung zu entwickelnden Leitgedanken können wir heute leichter nachvollziehen als das noch im vorigen Jahrhundert möglich gewesen wäre: erst vor wenigen Jahrzehnten gelang dem Menschen, der doch von Natur aus ein Landlebewesen ist, das Fliegen. Wir selbst haben die Eroberung des Weltraumes miterlebt. Etwas Entsprechendes, das erstmalige Eindringen in einen von Natur aus verwehrten Lebensraum, geschah in der gesamten Menschheitsgeschichte vorher nur noch ein einziges Mal, als nämlich erstmals ein Mensch sich mit einem (sicher sehr primitiven) Wasserfahrzeug auf das ihm fremde Element des Wassers hinauswagte. In allen drei Fällen waren ein Apparat (Boot-Flugzeug-Rakete) und eine gewisse Organisation an Land nötig, um das Überleben in dem fremden Element zu ermöglichen. Das wache Erleben der eigenen Gegenwart erschließt demnach jedem das Verständnis für diesen wichtigen Schritt in der Entwicklung des urgeschichtlichen Menschen. Der Schritt selbst ist mit archäologischen Mitteln kaum aufzeigbar, wohl aber seine Folgeerscheinungen: das Angewiesensein auf Wasserfahrzeuge, der Umgang mit ihnen und das Eingebundensein in die entsprechenden Organisationen und nicht zuletzt die Auseinandersetzung mit Wind und Wellen formten einen neuen Menschenschlag, den Schiffer. Dementsprechend bilden die Entwicklung der Wasserfahrzeuge und der zugehörigen Organisationsformen sowie die Darstellung der Lebensbedingungen der Schiffer im Wandel der Zeiten die Thematik des Schiffahrtsmuseums. Unter diesem Leitgedanken wird die schiffahrtsbezogene Kultur auch für vorgeschichtliche Kulturgruppen erforschbar und ausstellbar. Einer solchen Ausstel-

Gesamtansicht des Deutschen Schiffahrtsmuseums zwischen Außenweser (links) und Altem Hafen (rechts).

lung würde jedoch ihre eigentliche Spannung fehlen, wenn nicht der Gegenspieler des schiffahrenden Menschen, das Wasser selbst, überall im Hintergrund gegenwärtig wäre.

Die aktiven Einrichtungen der Schiffahrt. Die Entscheidung für Bremerhaven als Standort des Deutschen Schiffahrtsmuseums fiel allen Beteiligten nicht zuletzt deshalb leicht, weil diese Voraussetzung auf der fast ganz von Wasser umgebenen schmalen Halbinsel zwischen Weser und Altem Hafen optimal erfüllt war. Es gehört zu den großen baulichen Leistungen, daß der Architekt Prof. Dr. H. Scharoun (Berlin) diesen Bezug zum Wasser in nahezu allen Ausstellungsbereichen auf immer neue Weise zum Tragen gebracht hat. Mit Ebbe und Flut reicht der Atem des Meeres jenseits des schützenden Deiches bis an das Museum heran. Der Großschiffahrtsweg der Außenweser liegt im Blickfeld der Museumsbesucher; und da die Binnenschiffe gerade noch von oben und

7

die Fischdampfer gerade noch von unten hier vorbeifahren, gibt es kaum eine Stelle an deutschen Gewässern, wo mehr verschiedenartige Schiffstypen verkehren. Südlich und nördlich vom Museum schließen sich an diesen Schiffahrtsweg die aktiven Einrichtungen der Schiffahrt an mit Klappbrücke, Kaianlagen, Tonnenhof, Radarturm, Lotsenstation, Anleger der ,,weißen Flotte", Leuchtfeuern, Werftbetrieb, Seeamt usw. Ein Blick von der Besucherplattform des Radarturms führt jedem vor Augen, wie ausgedehnt und vielgestaltig die Hafenanlagen eines modernen Seehafens sind und wie sehr das Deutsche Schiffahrtsmuseum ringsum eingebettet ist in dessen maritime Atmosphäre.

Das Freilichtmuseum. Diese äußere Zone geht ohne fest umrissene Grenze über in die mittlere Zone des Gesamtprojekts, das eigentliche Freilichtmuseum der Schiffahrt. Im Gegensatz zu den bekannten Freilichtmuseen der bäuerlichen Kultur liegt dieses nicht in idyllischer Abgeschiedenheit, sondern mitten im Zentrum einer Großstadt und hat teil an deren hektischem Betrieb. Das gibt den Ausstellungen den angemessenen Hintergrund, denn Großschiffahrt kann nur von städtischen Zentren aus betrieben werden. Damit aber ist das Freilichtmuseum zugleich ein wichtiger Faktor für die Konzeption des Stadtzentrums, für das es u. a. die Funktion eines Naherholungsbereiches mit Grünflächen und Bänken ausübt. Zugleich setzt es mit dem Mastenwald seiner schwimmenden Oldtimer der Seefahrt im Stadtbild einen wichtigen Akzent. Unter ihnen war die 75 m lange hölzerne Bark ,,Seute Deern" seit 1966 der Kristallisationskern der Gesamtanlage. Die Schiffe liegen im tideunabhängigen Wasser desjenigen Hafens, mit dessen Bau 1827 die Gründung Bremerhavens begann. Die Schiffstypen wurden mit großer Umsicht so ausgewählt, daß sie die Bandbreite der deutschen Schiffahrt im späten 19. und im 20. Jh. veranschaulichen: Holz- und Stahlschiffbau sind ebenso vertreten wie Kompositbau, Segelantrieb ebenso wie Dampfmaschine und Dieselmotoren. In dem als Gaststätte genutzten Laderaum des letzten hölzernen Frachten-

Oldtimer der Seefahrt im Freilichtmuseum des Deutschen Schiffahrtsmuseums.
Mitte: Forschungsschiff „Grönland" (1867). – Links: Bark „Seute Deern" (1919).

seglers unter deutscher Flagge erzählt ein alter Kapitän unnachahmlich sein Seemannsgarn. Die Funkbude des Hochseebergungsschleppers „Seefalke" wird von Amateurfunkern in Betrieb gehalten. Das Forschungsschiff der Arktis „Grönland" und der Walfänger der Antarktis „Rau IX" umspannen die ganze Weite deutscher Schiffahrtsinteressen. Vom Klipperbug bis zum Tragflächenboot reicht die Variationsbreite der Schiffsformen. Das älteste Schiff ist ein Küstensegler von 1867, das jüngste ein Schnellboot der Bundesmarine von 1958. In den verschiedenen Innenräumen zeichnet sich die Sozialstruktur der Besatzungen ab, deren gesamter Lebensraum für Arbeit und Freizeit in wenigen Minuten vom Besucher durchmessen werden kann.

Der Museumshafen führt die wichtigsten Hafenanlagen (Kaimauern, Duckdalben, Kräne, Lagerschuppen) vor Augen, während die anschließenden Grünflächen der Aufstellung schiffahrtsgeschichtlich bedeutsamer Großobjekte dienen. Verschiedene Typen von Seezeichen, Ankern und Schiffsgeschützen sind schon jetzt zu sehen. Dieser Bereich wird aber noch nach verschiedenen Richtungen hin ausgebaut und kann auch schiffahrtsbezogenes Kulturgut aufnehmen, das an seinem eigentlichen Standort nicht mehr gehalten werden kann.

Schließlich ist auch an die kleinen Kinder der Besucher gedacht, die hier einen Spielplatz mit einem großen schiffsförmigen Klettergerüst vorfinden, an dem sie die musealen Eindrücke spielerisch verarbeiten können. Hier dürfen sie, was aus Sicherheitsgründen auf den richtigen Schiffen verboten ist: in die Takelage klettern, die Bordwand aufentern, Seeräuber spielen usw.

Die Bootshalle (eröffnet Pfingsten 1976) setzt die Thematik des Museumshafens für kleine Boote fort. Sie ist deshalb im Innern wie ein Bootshafen aufgebaut, dessen Kajefläche durch bodentiefe Fensterfronten ohne Sichtbehinderung an die Kaje des Alten Hafens anschließt; nur ermöglicht das schützende Dach die Aufstellung der Boote mit voller Besegelung.

Die Bootshalle enthält nur Boote des 20. Jhs., aber sie bilden zwei sehr unterschiedliche Gruppen, die jeweils einen der beiden Flügel der Halle einnehmen. Eine Gruppe umfaßt die auf industrieller Fertigung beruhenden Boote von Seeleuten (z. B. Rettungsboote) und Sportlern (z. B. Segel- u. Ruderboote) und schließt damit die in die Zukunft gerichteten Perspektiven des Bootsbaus ein. Die andere Gruppe mit ihren Fischer- und Bauernbooten der deutschen Binnen- und Küstengewässer repräsentiert die letzten Ausläufer einer jahrtausendealten Handwerkstradition, die durch die Erfindung des nahezu wartungsfreien Bootes aus glasfaserverstärktem Kunststoff (in Deutschland seit 1955) vor unseren Augen ausstirbt: der letzte Einbaum Mitteleuropas wurde 1965/66 am Mondsee gehackt,

Bootshalle. Norddeutsche Kähne mit Lugger- und Sprietsegel.

im selben Jahr, als in Kiel der erste deutsche Atomfrachter „Otto Hahn" gebaut wurde. Im Bootsbau reicht die Vorgeschichte bis in unsere Tage, aber jetzt ist sie auch da unwiederbringlich vorbei. Die Entwicklung des abendländischen Holzschiffbaus, die mit dem mesolithischen Einbaum begann und in den hochmastigen Klippern (vgl. „Seute Deern") gipfelte, hat bei den kleinen Booten jetzt auch ihr Schlußkapitel vollendet. Ihre Geschichte kann geschrieben werden.

Für den an vorgeschichtlicher Schiffahrt Interessierten ist deshalb die Gruppe der in traditioneller Handwerkstechnik gebauten Fischer- und Bauernboote eine schiffsarchäologische Vergleichssammlung von größter Bedeutung. Was der Ausgräber oft nur fragmentarisch in Kiesgruben oder bei Hafenbauten auffindet, ist hier im vollen Funktionszusammenhang zu studieren. Die zeitbedingten Unterschiede im Bootsbau älterer Jahrhunderte beziehen sich innerhalb der durch mehrere Jahrtausende durchgehaltenen Konstruktionsprinzipien nur auf Nebensächlichkeiten; so sind z. B. Beil und Dechsel als nahezu einzige Bootsbauerwerkzeuge im Laufe der Zeit immer mehr von der Säge verdrängt worden, ohne daß von der Bauweise selbst abgewichen wurde.

Natürlich hat es seit dem ersten Einbaum Mitteleuropas gewaltige Entwicklungen und Fortschritte im Schiffbau gegeben. Entscheidend war dabei jedoch, daß vor allem kleinere Fischerboote in dieser oder jener Region während eines gewissen Entwicklungsstandes die für ihren Zweck optimale Bauweise erreicht hatten und die weitere Entwicklung nicht mehr mitmachten. Dadurch wurden in unterschiedlichen Gewässern unterschiedliche Entwicklungsstadien des Bootsbaus gewissermaßen eingefroren und bis in unsere Tage tradiert: die zu verschiedenen Zeiten erstmals angewendeten Bootsbaumethoden haben zu einem großen Teil noch unsere Zeit erreicht, allerdings nur in Form kleiner Boote. Die aus küstennahen Booten weiterentwickelten großen Seeschiffe waren viel kurzlebiger. Bei ihnen ist in rascher Folge eine Schiffbautradition durch die nächste ersetzt worden. Wenn man jedoch die Konstruktion der Seeschiffe durch Ausgrabungen oder ausreichende Planunterlagen gut genug kennt, läßt sich auch der Bootstyp bestimmen, von dem die Entwicklung zum Seeschiff jeweils ausgegangen ist. Auf diese Weise lassen sich auch Seeschiffe in das Entwicklungsschema der Boote einpassen.

Obwohl die in der Bootshalle ausgestellten „alten" Boote alle im 20. Jh. gebaut worden sind, findet man unter ihnen den reinen Einbaum ebenso wie interessante Übergangsformen zwischen Einbaum und zusammengesetztem Boot. Die Schiffbautraditionen mittelalterlicher Lastschiffe von Seen und Flüssen haben ihre Vertreter unter diesen Booten ebenso wie die der Wikingerschiffe oder der Koggen. Trotz ihres geringen Alters enthält diese Bootsgruppe mit ihrer Typenvielfalt den Schlüssel zur gesamten vorindustriellen

Schiffbaugeschichte Mitteleuropas. Wer sich die relativ wenigen Grundmuster dieser Boote einprägt, hat es leichter, diese Schiffbaugeschichte im Hauptgebäude zu verfolgen, wo sie in ihrem zeitlichen Nacheinander dargestellt wird.

Das Hauptgebäude. Zentrum der Gesamtanlage ist das Hauptgebäude, das dem Besucher einen systematischen Überblick über die deutsche Schiffahrtsgeschichte in zeitlicher Reihenfolge von der Vorgeschichte bis zur Gegenwart vermitteln soll. Der Bundespräsident eröffnete dieses Haus am 5. 9. 1975 mit den Abteilungen „19. und 20. Jahrhundert". Noch sind nicht alle Abteilungen fertiggestellt, aber die große Linie zeichnet sich schon ab. Wer die Eingangshalle betritt, findet sich in einem großen Verteilerkreisel, von dem die Treppen und Zugänge zu den einzelnen Bereichen abzweigen. Wer sich für die moderne Zeit (nach 1945) interessiert, muß eine Treppe hinuntergehen und findet u. a. ein großes Manöverbekken, in dem er Schiffsmodelle selber fernlenken kann. Die Zeitgruppe „zwischen beiden Weltkriegen" ist am schnellsten über das Deck des Flußraddampfers „Meißen" zu erreichen. Das „19. Jahrhundert" und die (noch nicht fertiggestellten) Abteilungen für die älteren Zeiten schließen ebenerdig an die Eingangshalle an. Die erste Treppe nach oben führt in die Abteilung Segelsport, die Haupttreppe in den Saal für die Sonderausstellungen (1. OG. links), die Abteilungen Kriegsmarine und Schiffahrtswege (1. OG. rechts) und die Cafeteria (2. OG. links).
Obwohl eine Darstellung der Schiffsgeschichte wegen der Größe von Schiffen und zugehörigen Anlagen weitgehend auf Modelle und Bilder angewiesen ist, wurden wichtige Akzente der Ausstellung durch Schiffe, Schiffsteile oder Einrichtungen an Land im Original gesetzt. Die Abteilung „19. Jahrhundert" ist aufgebaut auf dem Kontrast zwischen einem hölzernen Segelrettungsboot und einem eisernen Raddampfer, denn in dieser Zeit wurde das Segelschiff vom Dampfer abgelöst. Wichtige technikgeschichtliche Stationen etwa in der Entwicklung der Schiffsdiesel, der Dampfmaschinen, der

Elektrifizierung und der Schiffspropeller sind ebenso im Original zu sehen wie die Luxusräume von Passagierdampfern, die Restauration der 2. Klasse oder der härteste Arbeitsplatz der Schiffahrt (vor dem Dampfkessel), um die Sozialgeschichte der Schiffahrt zu verdeutlichen. Der kunsthistorische Aspekt der Schiffahrt wird durch Galionsfiguren, Schiffsinnenräume und anderen Schiffsschmuck aus verschiedenen Zeiten dargestellt. Von den Einrichtungen an Land sei auf die Schiffsschmiede, die Werkstatt für Holzschiffbau, das Werftkontor von ca. 1860, die Stube eines Walfangkommandeurs um 1780 und eine Leuchtturm-Optik hingewiesen. Die Glockensammlung des Museums enthält die größte Schiffsglocke der Welt (Passagierdampfer „Bremen" von 1959), die eigentlich für ein Schiff zu groß war und bei jedem Sturm unter Deck gefiert werden mußte. Unter den Rettungsgeräten entdeckt der Besucher die früheste Raketenstartrampe Europas; sie diente seit ca. 1880 dem Abschießen von Leinen für die Hosenboje, um damit Menschenleben von gestrandeten Schiffen zu retten. Selbst das „Blaue Band" der schnellsten Atlantiküberquerung kann gezeigt werden, obwohl diese Auszeichnung eigentlich nur das Wort, nicht aber eine dingliche Trophäe ist.

Die Schiffsarchäologie. Wer sich für Schiffsarchäologie interessiert, kommt im Koggehaus (Zugang durch die Abteilung „19. Jahrhundert") auf seine Kosten, wo er den Wiederaufbau der Bremer Hansekogge von ca. 1380 und eine Sonderausstellung zur Schiffsarchäologie in Deutschland ansehen kann. Er sollte aber auch die jüngeren Abteilungen nicht außer acht lassen, denn die Schiffsarchäologie ist keineswegs auf Vorgeschichte und Mittelalter begrenzt. Das Zweimann-U-Boot „Seehund" von 1945 wurde ebenso vom Meeresgrund gehoben wie das U-Boot-Geschütz aus dem 1. Weltkrieg (Marine-Abteilung). In der Abteilung „19. Jahrhundert" interessieren der Werkzeugbestand einer Werft für hölzerne Segelschiffe ebenso wie geborgene Originalteile solcher Schiffe, die z. T. noch einem langwierigen Konservierungsprozeß unterliegen, wie etwa eine Galionsfigur von ca. 1820 aus der Ostsee oder das Geschütz eines englischen Schiffes, das 1807 an der Eroberung Helgolands beteiligt war. Für das 18. Jh. sei auf den Ziegel eines Tranofens hingewiesen, den Walfänger auf Spitzbergen gebaut hatten und der von einer archäologischen Untersuchung ins Deutsche Schiffahrtsmuseum gelangte. In all diesen Bereichen hat die Archäologie freilich mehr die Funktion einer Hilfswissenschaft.

Je weiter man aber zeitlich zurückgeht, desto mehr bestimmt die Schiffsarchäologie das Erscheinungsbild der einzelnen Abteilungen und desto mehr spiegeln sich darin Forschungsstand und -methoden dieses in Deutschland relativ jungen Wissenschaftszweiges, der z. Z. mehr mit Einzelergebnissen als mit großen Überblicken aufwarten kann.

Durch das Einbringen der ab 1962 in Bremen ausgegrabenen Hansekogge von 1380 und die Wahl eines Schiffsarchäologen zum geschäftsführenden Direktor wurde schon bei der Gründung des Deutschen Schiffahrtsmuseums diese Disziplin als Forschungsschwerpunkt gesetzt. Da in Deutschland vorher ein schiffsarchäologisches Forschungszentrum fehlte, wirkte sich die Neugründung sofort aus: Jahr für Jahr sind seitdem in der Bundesrepublik sechs bis acht Boots- und Schiffsfunde gemacht und vom Deutschen Schiffahrtsmuseum betreut worden, jeweils in Zusammenarbeit mit den örtlich zuständigen Stellen der Bodendenkmalpflege. Die dafür benötigten schiffsarchäologischen Werkstätten mit Tanks für die Unterwasser-Lagerung ausgegrabener Schiffshölzer, einem geräumigen Feuchtraum zur Bearbeitung dieser Hölzer, Konservierungsanlagen, Stereomeßkamera usw. wurden als erster Bauabschnitt eingerichtet. Dem unerwartet hohen Fundanfall ist die Werkstatt jedoch noch nicht gewachsen, da sie zunächst auf Jahre hinaus mit der Bremer Hansekogge vollauf beschäftigt ist.

Der Wiederaufbau der Bremer Hansekogge. Das Puzzlespiel dieses Wiederaufbaus aus mehr als 2000 Einzelteilen erfolgt an dem unpräparierten Holz in einer Nebelluft von nahezu 100% Luftfeuch-

Wiederaufbau der Bremer Hansekogge von ca. 1380.

tigkeit, erzeugt durch ein Sprühsystem mit reinem Wasser und Preßluft. Erst wenn das 23 m lange und 7 m breite Frachtschiff voll aufgebaut ist (es ist bis in den höchsten Handlauf der Steuerbordreling erhalten!), wird ein Becken um das Schiff errichtet, das darin dann im Tauchverfahren mit der Konservierungsflüssigkeit PEG getränkt wird. Erst danach kann die Kogge frei im Raum stehen. Da Aufbau und Konservierung zusammen ca. 20 Jahre dauern werden, hat man Vorkehrungen getroffen, alle Arbeitsphasen vor den Augen des Publikums durchzuführen. Sie geschehen in einem großen Kunststoffzelt mit eingebauten Fenstern und einer Öffnung zum Fotografieren. Auch das eigentliche Konservierungsbecken wird entsprechende Fenster haben. Nach dessen Inbetriebnahme wird die Nebelanlage nicht mehr benötigt, und das Koggehaus kann ebenso wie die anderen Museumsgebäude endgültig ausgebaut und mit Ausstellungsgegenständen bestückt werden. Es wird im Rahmen des Gesamtkonzeptes die vorgeschichtliche, römische und mittelalterliche Schiffahrt zeigen.

Solange die räumlichen Voraussetzungen dafür noch nicht gegeben sind und die hohe Luftfeuchtigkeit die Ausstellung empfindlicher Objekte nicht gestattet, folgt die Sonderausstellung zur Schiffsarchäologie dem Gang der schiffsarchäologischen Forschung. Ihr wichtigstes Ziel ist es zunächst, Klarheit über die Entwicklung der Schiffstypen in Mitteleuropa zu gewinnen, denn, wie eingangs dargelegt, kann die schiffahrtsbezogene Kultur einer Periode nur dann gezeigt werden, wenn man die betreffenden Schiffe kennt. Dafür ist es erforderlich, den Stammbaum der Bootsformen aufzustellen, ein Forschungsschritt, den andere Wissenschaften, wie z. B. die Zoologie für die Tierformen, längst vollzogen haben. Forschungsmittel dafür ist außer der bereits hervorgehobenen Bootsammlung in der Bootshalle auch die Abgußsammlung dreidimensionaler Schiffsdarstellungen (Reliefs, Siegel, Votivschiffe usw.) besonders der älteren Zeiten. Die dreidimensionalen Kopien geben viel mehr Informationen über alte Boote als Fotos solcher Fundstücke und erlauben durch Vergleich untereinander und mit Fundstücken von Originalbooten wichtige Schlußfolgerungen. Natürlich wird auch ein Katalog der Boots- und Schiffsfunde Mitteleuropas geführt. Von den wichtigsten Funden werden Präzisionsmodelle gebaut, alle im gleichen Maßstab 1 : 20.

Die Zusammenstellung dieser Modelle mit den Kopien der zugehö-

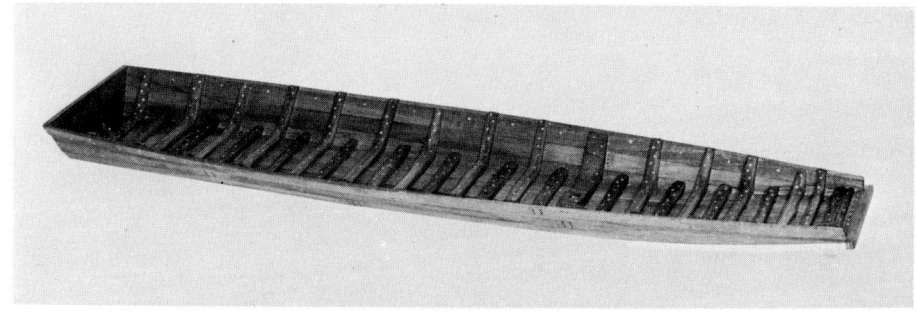

Oben: Goldenes Votivboot (Nachbildung) vom Dürrnberg bei Hallein, 5. Jh. v. Chr. – Unten: Frachtkahn mit Bugpforte. Modell nach den Ausgrabungsbefunden in Krefeld. 13./14. Jh. n. Chr.

rigen Schiffsdarstellungen ist schon jetzt die umfangreichste Quellensammlung zur vor- und frühgeschichtlichen Schiffahrt Europas nördlich der Alpen und führt dem Publikum nicht nur die Grundlagen unseres Wissens über die ältere Schiffahrt vor Augen, sondern zugleich auch die Vorarbeiten für die Aufstellung eines Stammbaumes der Schiffstypen: die ersten Typenreihen greifen mehr oder minder lückenhaft bereits über mehrere Jahrtausende hinweg. So konnte z. B. durch die geglückte Fundbergung eines mittelalterlichen „Oberländers" bei Krefeld die Geschichte dieses wichtigsten vorindustriellen Binnenschiffes des Rheinverkehrs bis in die mittlere Jungsteinzeit zurückverfolgt werden. Ein anderer mittelalterlicher Frachtschiffstyp, dessen Namen wir noch nicht kennen, wurde ebenfalls bei Krefeld in Fragmenten geborgen und am Deutschen Schiffahrtsmuseum rekonstruiert. Charakteristisch für ihn ist die offene Bugpforte, durch die z. B. schwere Fässer von ca. 1 t Fassungsvermögen ohne Hilfe von Hebezeug an Bord gerollt werden konnten. Die Benutzung solcher Schiffe ließ sich inzwischen von der Frühlatènezeit bis heute nachweisen.

Auch die Vorgeschichte des Schiffstyps Kogge konnte bis ins frühe 2. Jh. n. Chr. zurückverfolgt werden. Als kleiner Schlickrutscher wurde die Kogge im frühen Mittelalter das Küstenfahrzeug friesischer Seeleute zwischen der Rheinmündung und Jütland, wo es bei Ebbe durch Trockenfallen auf den Watten landen konnte. Im 9. Jh. ist die Kogge bereits in Haithabu an der Ostsee nachzuweisen, im 10. Jh. sogar in der Handelsstadt Birka bei Stockholm, wohin damals friesische Kaufleute segelten. Erst im Laufe des 11. und 12. Jhs. wurde dieser relativ kleine und niedrige Küstensegler zu jenem hochbordigen Handelsschiff fortentwickelt, mit dem die Hansestädte an Nord- und Ostsee in der Folgezeit ihre Vormachtstellung im Handel auf beiden Meeren begründeten. Diesem Typ aus der Blütezeit der Hanse gehört die bei Bremen gefundene Kogge an, die nur 10 Jahre nach dem für die Hanse so vorteilhaften Frieden von Stralsund (1370) gebaut wurde und etwa 130 t Ladung tragen konnte. Trotz des flachen Bodens mittschiffs sind beide Schiffsenden sehr scharf geformt, so daß die Kogge ein guter Segler gewesen sein muß. Seit etwa 1400 wurde dann die Kogge durch den größeren Holk, der vorher nur zwischen England und dem Kontinent verkehrte, auch in der östlichen Nordsee und der Ostsee zunächst auf den zweiten Platz verdrängt und schließlich ganz abgelöst. Aber die kleinen Boote, die schon seit mehr als einem Jahrtausend in gleicher Technik gebaut wurden, blieben weiterhin in küstennahen Gewässern in Gebrauch (vgl. Kåg von der Schlei und Jülle vom Großen Meer in der Bootshalle). Sie sind im Zuge der deutschen Ostkolonisation auch flußaufwärts gewandert: ein der Kogge besonders nahe verwandter Bootstyp ist der Fischerkahn von Spandau bei Berlin, der dort noch 1972 benutzt wurde und jetzt neben der Kogge ausgestellt ist.

In dieser Weise geht es mit der Forschung und der ihre Ergebnisse darstellenden Ausstellung weiter von Schiffstyp zu Schiffstyp bis die entscheidenden Weichenstellungen in der Geschichte des Schiffbaus deutlich werden. Es ist klar, daß mit dem Versuch, den Stammbaum der Schiffsformen aufzustellen, die Darstellung der schiffahrtsbezogenen Kultur der vor- und frühgeschichtlichen Epochen noch keineswegs gelöst ist. Aber wenn man mit Aussicht auf Erfolg vorankommen will, muß man bei den Schlüsselpositionen ansetzen, und das sind in diesem Fall die Wasserfahrzeuge selbst. Das Gesamtbild kann erst am Ende eines langwierigen Forschungsweges stehen. Wir meinen allerdings, daß wir den Besucher nicht erst nach mehreren Jahrzehnten mit diesem Gesamtbild überraschen sollten, sondern daß wir ihm Einblick gewähren müssen in das mühselige Erarbeiten dieses Zieles.

Literatur:
Führer des Deutschen Schiffahrtsmuseums Nr. 1: Deutsches Schiffahrtsmuseum '75 (1975); Nr. 7: Koggehaus und Bootshalle (1976). – D. Ellmers, Frühmittelalterliche Handelsschiffahrt in Mittel- und Nordeuropa. Offa-Bücher 28 (1972).

D. Ellmers

Das Morgenstern-Museum

Das Morgenstern-Museum der Stadt Bremerhaven ist das älteste kulturhistorische Museum des Gebiets zwischen Weser- und Elbemündung. An seiner 1896 erfolgten Gründung war neben dem Bremerhavener Stadtdirektor Gebhard der Marschendichter Hermann Allmers (1821–1902) wesentlich beteiligt, der im Jahre 1882 den Heimatbund der Männer vom Morgenstern ins Leben gerufen hatte. Aus dieser geselligen Runde von Patrioten, die sich nach ihrem Tagungsort, dem in Weddewarden am Seedeich liegenden Gasthof Schloß Morgenstern – angeblich an der Stelle der 1517 von den Wurster Friesen zerstörten bremisch-erzbischöflichen Zwingburg Morgenstern – Männer vom Morgenstern nannten, schälte sich allmählich ein Kern von Förderern landeskundlicher Forschungen heraus. Dazu vermittelte Allmers durch sein weitgespanntes kulturhistorisches Interesse und sein erstmalig 1857 erschienenes Marschenbuch viele Anregungen. Entscheidend für die Museumsgründung wurde die Ausgrabungs- und Sammlungstätigkeit des in Lehe ansässigen Privatgelehrten Dr. Jan Bohls. Als die Vereinssammlung 1902 in das Eigentum der Stadt Geestemünde überging, war die Führung des Namens Morgenstern-Museum auch als städtisches Museum eine unabänderliche Bedingung, die dem Museum allerdings auch die stete Unterstützung und Förderung durch die ,,Morgensterner" zusicherte. Aus ihren Reihen kamen fortan die Persönlichkeiten, die zumeist ehrenamtlich das Museum leiteten und deren wissenschaftliche Arbeiten sich in den Publikationen der Morgensterner wie dem Morgenstern-Jahrbuch und dem Niederdeutschen Heimatblatt wiederfinden. Hier sind außer dem schon genannten Bohls die Namen Plettke, Köster, Schübeler, Schröter und Cordes zu nennen. Erster hauptamtlicher Leiter wurde 1936 der Prähistoriker Dr. Barnim Lincke, 1942 in Rußland gefallen; von 1954 bis 1959 leitete Museumsdirektor a. D. Dr. Hans Gummel das Museum. Als Magistratsmitglied erreichte Stadtbaurat a. D. Mangel 1959 wieder die Anstellung eines hauptamtlichen Leiters mit mehreren Mitarbeitern.

Das Schicksal des Museums in den mehr als 75 Jahren seines Bestehens war wechselvoll. Mehrfach änderte es seinen Standort, ohne allerdings den Stadtteil zu wechseln. 1924 verband sich Geestemünde mit Lehe zu Wesermünde und 1947 wurde Wesermünde zu Bremerhaven. Große Einbußen an wertvollem Sammlungsgut blieben dem Museum bei dem Luftangriff auf die Stadt im Jahre 1943 nicht erspart, und mit dem Brand des Marschenhauses, dem Zufluchtsort der mühsam geborgenen Reste, wurde auch ein großer

Römischer Barbotinebecher aus der 2. Hälfte des 3. Jhs. aus Dingen, Kr. Wesermünde. Morgenstern-Mus. Bremerhaven. H. 21,9 cm.

Teil davon zerstört. Wesentlich für den Neuaufbau der vor- und
frühgeschichtlichen Sammlungen wurde ein Vertrag der Stadt Bremerhaven mit dem Landkreis Wesermünde, wonach die Bodenfunde aus dem Landgebiet zu Ausstellungszwecken leihweise in das

Morgenstern-Museum gelangten. Zusammen mit den Resten der alten Sammlung, die aus dem nördlichen Teil des Regierungsbezirks Stade bis 1945 erwachsen war, und Neufunden aus dem Bremerhavener Stadtgebiet ermöglicht diese neue Vorgeschichtssammlung einen ziemlich geschlossenen Überblick von der Steinzeit bis in das Mittelalter. Von der Kostbarkeit des Materials und ihrer eigenartigen Ornamentik her stehen die über den Krieg geretteten, 1942 in Sievern entdeckten elf Goldbrakteaten mit an erster Stelle. Das museumseigene Fundmaterial von den altsächsischen Urnenfriedhöfen, wie der zu einem großen Teil gerettete Magazinbestand von Westerwanna, ist zuletzt von Gummel bearbeitet worden, und die Goldbrakteaten hat K. Hauck in ein neues Licht gerückt. Die Ausgrabungen von W. Haarnagel auf der Wurt Feddersen Wierde und ihre Ergebnisse haben der Bremerhavener Museumsarbeit einen mächtigen Anstoß gegeben und 1959/61 zur Neueinrichtung des Museums in den beiden oberen Etagen des wiederhergestellten Geschäftshauses Kaistraße 6 geführt. Eine Auswahl der vom Niedersächsischen Landesinstitut für Wurtenforschung in Wilhelmshaven leihweise zur Verfügung gestellten Funde gruppiert sich um die Rekonstruktion des unteren Umrisses eines kleineren Wurtenhauses aus der Zeit um 150 n. Chr. im Maßstab 1 : 1. Da der eigenen Aktivität auf dem Gebiete der Vor- und Frühgeschichtsforschung durch die Länderhoheit enge Grenzen gesetzt sind, hat das Morgenstern-Museum seit 1959 neben der Volkskunde die Stadtgeschichte in den Vordergrund gestellt und darüber erstmalig die mit Bremerhaven aufs engste verbundene Schiffahrtsgeschichte zu einer eigenen großen Abteilung ausgebaut, die schließlich zum Ausgangspunkt aller örtlichen Bemühungen um die Gründung eines Deutschen Schiffahrtsmuseums in Bremerhaven wurde. Diese stattliche Sammlung, die in ihrer Erwerbungstätigkeit zuletzt weit über das Wesermündungsgebiet und die bremische Schiffahrt hinausgriff, ist von der Stadt Bremerhaven in die Stiftung Deutsches Schiffahrtsmuseum eingebracht worden und wird zu einem großen Teil in den Schausammlungen des neuen Museums gezeigt. Ihre

Hergabe hat sich für die Anziehungskraft des Morgenstern-Museums, das sich auch von seinem bisherigen Standort her in einer Abseitslage und zudem in den oberen Etagen eines Möbelgeschäfts befindet, als nachteilig erwiesen. Um so mehr werden neben vierteljährlich wechselnden Sonderausstellungen, auch aus dem Bereich der niederdeutschen Kunst, jetzt die Arbeitsbereiche Volks- und Landeskunde und die Sozialgeschichte der Seestadt Bremerhaven in den Vordergrund gestellt. Mit den Sammlungen zur bäuerlichen Volkskunde, seit der Gründung des Museums im bescheidenen Maße begonnen und dann wie die Vorgeschichtsabteilung durch den Erwerb der Sammlung Müller-Brauel 1926 ganz erheblich erweitert, mußte nach 1946 ebenfalls ein neuer Anfang gemacht werden. Hier hat sich in den letzten Jahren eine engere Zusammenarbeit mit dem Freilichtmuseum des Bauernhausvereins Lehe e. V. im Bremerhavener Stadtpark Speckenbüttel ergeben. 1973 konnte der Bauernhausverein ein neuerrichtetes Marschenhaus an der Stelle des abgebrannten eröffnen. Dadurch ergaben sich für das im Morgenstern-Museum wieder angesammelte volkskundliche Sachgut, insbesondere auch für die Sammlung bäuerlicher Arbeitsgeräte, ideale Ausstellungsmöglichkeiten. Ganz in der Nähe des Marschenhauses soll das Morgenstern-Museum erstmalig in seiner Geschichte ein eigenes Gebäude erhalten. Dafür hat die Stadt Bremerhaven 1975 einen Architektenwettbewerb durchgeführt, dessen Ergebnis vielversprechend ist und das Morgenstern-Museum gleichsam aus dem Windschatten des Schiffahrtsmuseums wieder herausführen wird zu starker Selbstentfaltung mit erweiterten Zielsetzungen inmitten eines der schönsten Erholungsgebiete an der Wesermündung.

G. Schlechtriem

Der „Lange Berg" von Langen

Ein vorgeschichtliches Denkmal ganz besonderer Art ist der „Lange Berg" von Langen, ein dammartiger Grabhügel, 300 Meter nordöstlich des Bahnhofs Langen auf dem Kamm einer natürlichen Bodenwelle. Plattdeutsch „Langenbarg" genannt, ist er auch schon in „Langenberg" und „Langener Berg" übersetzt worden. Daß die ungewöhnliche Aufschüttung nicht natürlichen Ursprungs war, erkannte man durchaus schon in den letzten Jahrhunderten, doch konnte man sich Entstehung und Zweck des Hügels nicht erklären. So entstanden bis in jüngste Zeit um den „Langen Berg" phantasievolle und sagenhafte Geschichten, in denen z. T. Riesen und Zwerge eine Rolle spielen – Erzählungen, die wie die meisten Sagen kaum bis ins 18. Jh. zurückreichen und nicht – wie oft angenommen – über viele Jahrhunderte überliefert wurden.

Ursprünglich war der „Lange Berg" 90 m lang. Er wurde jedoch leider vor einigen Jahren durch Abschieben beim Wegebau an seiner Südspitze um etwa 8 m verkürzt. Er ist durchschnittlich 2,50 m hoch und 22 m breit. Diese seltene älterbronzezeitliche Grabform kommt im Elbe-Weser-Dreieck und auch weit darüber hinaus nur noch in der Feldmark Debstedt ein zweites Mal vor. Der „Lange Berg" von Debstedt ist von dem in Langen nur zwei Kilometer entfernt und hat heute noch 85 m Länge. Vor den Abtragungen am Nord- und Südende des Debstedter „Langen Berges", der 1976 restauriert wurde, dürfte dieser rund 100 m lang gewesen sein.

Beide Langhügel gehören zu einer Kette von Hügelgräbern entlang alter Verkehrswege, die von Langen in nördlicher Richtung über die Hohe Lieth und in östlicher Richtung ins Binnenland führten. Zu Hunderten säumten die Gräber die Wege, mal in langer Reihe, mal in größeren Gruppen. In einiger Zahl sind sie heute nur noch in den Forsten erhalten; sehr anschaulich ist eine Gruppe von rund 130 Hügeln bei Drangstedt in sechs bis zehn Kilometer Entfernung von Langen.

Um 1900 begannen auch Archäologen, sich für den „Langen Berg"

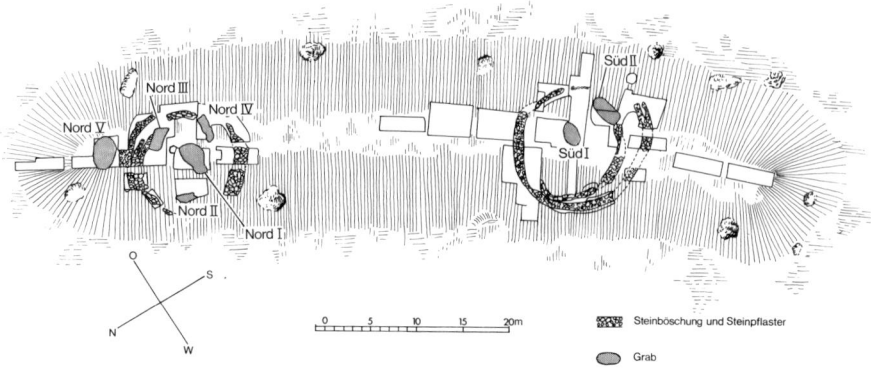

Ausgrabungsplan des Langen Berges bei Langen, Kr. Wesermünde
(nach P. Schübeler).

von Langen zu interessieren. Einer der Altmeister der deutschen
Vorgeschichtsforschung, der Berliner Museumsdirektor Professor
Dr. Carl Schuchhardt, der in den Jahren 1906/08 die Pipinsburg
und andere Burgwälle im Elbe-Weser-Dreieck untersuchte und
dem bei seinen Fahrten nach Sievern der „Lange Berg" auffiel, regte
eine Ausgrabung in dem Hügelgrab an. Diese übernahm der
Geestemünder Gymnasialprofessor Paul Schübeler im Juli 1909,
nachdem er bereits im Dezember 1908 zusammen mit Schuchhardt
zwei Versuchsschnitte in den „Langen Berg" gelegt hatte.
Die Ergebnisse seiner Grabungen veröffentlichte Schübeler sehr
ausführlich. Trotzdem ist an dieser Stelle eine Zusammenfassung
aus heutiger Sicht und ein Hinweis auf die unverminderte Bedeutung des „Langen Berges" wohl geboten.
Wenn Schübeler in seinen Schnitten im Nord- und Südteil des
„Langen Berges" auch die Hauptgräber fand, so ist doch nur etwa
ein Viertel des gewaltigen Denkmals untersucht, das mit Sicherheit
noch eine Fülle wichtiger Funde und Beobachtungsmöglichkeiten
enthält. Schon dicht unter der Oberfläche stieß Schübeler im Hügelmantel auf 32 Urnen vom Jastorftyp – teils mit Beigefäßen – mit

Fibelresten aus Bronze und Eisen und eisernen Kropfnadeln. Damit lassen sich diese Funde in die vorrömische Eisenzeit um 400 v. Chr. einordnen.

Diese und weitere Urnen aus dem „Langen Berg", die durch Kartoffelgruben, wilde Raubgräbereien und durch Wegebau verloren gingen, sowie auch die gewiß noch im Hügelmantel vorhandenen Gefäße waren und sind Nachbestattungen, die zu einer Zeit in den Boden gelangten, als der „Lange Berg" bereits über 1000 Jahre alt war.

Wie nämlich die ältesten Funde beweisen, begann man schon in der älteren Bronzezeit mit dem Bau des Hügels. Er ist aus Plaggen aufgeschichtet, die bei künftigen Untersuchungen die Möglichkeit bieten, über eine Pollenanalyse noch die Vegetation der näheren Umgebung zur Zeit des Hügelbaues zu erforschen.

Wahrscheinlich trifft Schübelers Beobachtung zu, daß der „Lange Berg" zunächst aus zwei einzelnen Rundhügeln bestand, die erst später miteinander verbunden wurden. Er fand nämlich im Nord- und Südhügel je zwei Bereiche mit Ober- und Untergräbern, die von übereinanderliegenden Steinkränzen eingefaßt waren. Der Nordhügel enthielt eine Zentralbestattung und vier weitere Körpergräber, der Südhügel eine Zentralbestattung und ein weiteres Grab, insgesamt bislang also sieben Gräber. Einige Gräber waren beigabenlos, andere enthielten Waffen und Schmuck. Mindestens ein Grab enthielt eine Frauenbestattung (Nord III). Bis auf einen Dolchrest gingen alle Funde beim Brand des Freilichtmuseums Marschenhaus in Bremerhaven-Speckenbüttel 1947 verloren.

Schübelers Bericht enthält nur Fotos von einem Teil der vernichteten Funde. Um so mehr Dank gebührt Professor Dr. Kurt Tackenberg, daß er schon vor Jahren eine Sammlung von Bleistiftskizzen zur Verfügung stellte, die er 1931 während einer Museumsbesichtigung im Morgensternmuseum in Geestemünde anfertigte und unter denen sich auch die Beigaben aus dem „Langen Berg" befanden. Sie werden an dieser Stelle erstmals veröffentlicht.

Die Gräber enthielten folgende Beigaben:

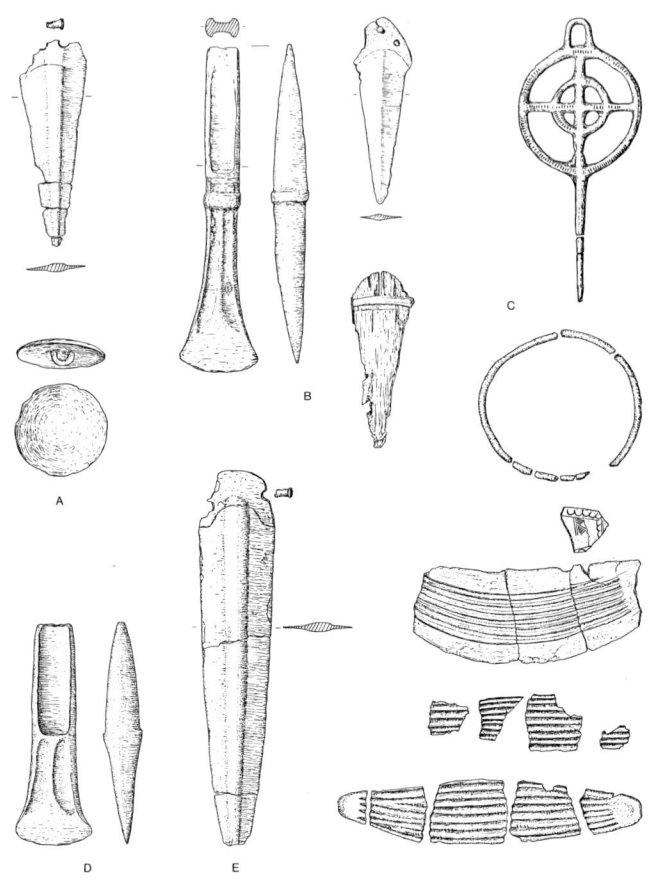

Funde aus dem „Langen Berg" bei Langen, Kr. Wesermünde (nach Zeichnungen von Prof. K. Tackenberg). A = Grab Süd I (Schübeler „S"): Dolch und Bronzeknopf mit Bügelöse; B = Grab Süd II (Schübeler „SO"): Absatzbeil und Dolch mit Holzscheide; C = Grab Nord III (Schübeler „NO I"): Radnadel, Halsschmuck, Armbänder und Fußring; D = Grab Nord IV (Schübeler „NO II"): Absatzbeil; E = Grab Nord V (Schübeler „N II"): Dolchklinge. Ehemals Mus. Marschenhaus, Bremerhaven-Speckenbüttel (1947 verbrannt). M = 1:4. Grab Nord I und II waren beigabenlos.

28

Nordhügel

Grab Nord I (Schübeler „N I"): keine (Zentralbestattung).

Grab Nord II (Schübeler „NW"): keine.

Grab Nord III (Schübeler „NO I"): 1 Radnadel mit einfacher Felge und einfachem, gekerbtem Speichenkreuz, Innenring und Öse; 2 Halskragen mit gekerbten Rippen; 3 Geripptes Armband (mit Textilresten); 4 Geripptes Armband (mit Textilresten); 5 Fußring von spitzovalem Querschnitt.

Grab Nord IV (Schübeler „NO II"): 1 Rest einer Dolchklinge mit breiter Mittelrippe; 2 Arbeitsabsatzbeil mit geradem Absatz; 3 Zwei durchlochte Fibelfragmente mit sich verbreiterndem runden Kopf von zwei Fibeln und der Rest eines weidenblattförmigen, seitlich gepunzten Bügels.

Grab Nord V (Schübeler „N II"): 1 Dolch von dachförmigem Querschnitt mit abgerundet-dreieckiger Griffplatte und drei Pflocknieten.

Südhügel

Grab Süd I (Schübeler „S"): (Zentralbestattung). 1 Dolch mit Mittelrippe und beschädigter Griffplatte mit ehemals zwei oder drei Pflocknieten; 2 Knopf mit gewölbter Platte und Öse.

Grab Süd II (Schübeler „SO"): 1 Dolch mit breiter Mittelrippe, flachbogiger Griffplatte und zwei seitlichen Kerben für Pflocknieten; 2 Schlankes Absatzbeil vom nordischen Typus mit Randleistenrelikten und Mittelrippe auf dem Schneidenteil; 3 Bernsteinperle.

Die verschiedenen Bauphasen des „Langen Berges" fallen nach Ausweis der Funde wohl durchweg in die Periode II nach Montelius, doch könnte der älteste Teil durchaus schon in der Periode I der Bronzezeit begonnen worden sein. Während von einem Grabhügel unmittelbar südlich des „Langen Berges" nur ein gelblicher Fleck im Acker übrigblieb, ist nördlich noch ein 1,20 m hoher Hügel von etwa 10 m Durchmesser erhalten geblieben. Der darin noch sichtbare Grabungstrichter stammt ebenfalls von einer Untersuchung Schübelers, die allerdings ergebnislos verlief. Später fand Dr. h. c. Brockmann (Bremerhaven) dort im Grabungsaushub eine Pfeilspitze.

Literatur:
J. Bergmann, Die ältere Bronzezeit Nordwestdeutschlands. Kasseler Beiträge zur Vor- und Frühgeschichte 2 (1970) Tl. A 68 f. Nr. 14-17, 80 Nr. 3. – P. Schübeler, Der Langenberg bei Langen, Kreis Geestemünde. Prähist. Zeitschr. 1, 1909, 200 ff. – P. Schübeler, Der Langenberg bei Langen, ein Grabhügel der älteren Bronzezeit. Jahrb. Männer Morgenstern 11, 1910, 110 ff. – W. Wegewitz, Die Gräber der Stein- und Bronzezeit im Gebiet der Niederelbe (1949) 143.

H. Aust

Das Fundgebiet um Sievern

Die Gräberfelder

Dem Geestgebiet um Sievern kam auf Grund seiner verkehrsgünstigen Lage seit der Steinzeit eine besondere Bedeutung zu. Hier trafen ein alter, auf der „Hohen Lieth" verlaufender Verkehrs- und Handelsweg und ein die Marsch durchquerender, an den vor- und frühgeschichtlichen Wurtensiedlungen vorbeiführender Wasserweg aufeinander. Eine im Neolithikum beginnende Fundkonzentration setzte sich hier über alle Zeitabschnitte hinweg bis zum Mittelalter fort, so daß als Ergebnis der archäologischen Landesaufnahme in diesem Raum u. a. mindestens 12 Megalithgräber, 108 Grabhügel, 14 Urnenfriedhöfe, 26 Wohnplätze, 1 gemischtbelegtes Gräberfeld (Brand- und Körpergräber), 4 Schatzfunde sowie mehrere Münz- und Importfunde nachgewiesen werden konnten.

Zentrum der sich oft überlagernden Bestattungsplätze aus verschiedenen Zeiten ist der sogenannte „Grapenberg", ein Grabhügel von etwa 2 m Höhe und 24 m Durchmesser. In seinem südlichen Randbereich wurden seit 1907 sehr oft vereinzelt Urnen der verschiedenen Jastorf-Typen ausgepflügt oder in einer Sandgrube geborgen. Zu den sichergestellten, z. T. unter Steinschutz gelegenen Urnen gehörten zahlreiche Beigaben, wie Beigefäße, gekröpfte Nadeln und Bronzespiralen. In einer Sandgrube nördlich des „Grapenberges" und im weiteren Umkreis wurden seit 1898 kaiser- und völkerwanderungszeitliche Urnen gefunden, viele jedoch – nach den Ermittlungen der archäologischen Landesaufnahme – bei Nachgrabungen zerstört. Aus der weiten Streuung der Fundstellen des 4. bis 5. Jhs. n. Chr. kann auf ein Gräberfeld geschlossen werden, das in der Größenordnung etwa mit den anderen bekannten großen Fundplätzen im Elbe-Weser-Dreieck, wie z. B. Westerwanna, vergleichbar ist. Außer Urnenbestattungen des 2. bis 5. Jhs. mit den üblichen Gefäßtypen und Beigaben, zu denen z. B. Scheibenfibel, Armbrustfibel, Knochenkamm, Spinnwirtel, Glasperlen und eiserne Axt gehören, wurde auch ein Bronzeeimer vom Hemmoor-Typ sowie die Reste eines zweiten Gefäßes dieser Form geborgen. Ein weiterer Bestattungsplatz wurde nördlich angrenzend lokalisiert. Er ist um ein noch von Mushard 1755 beschriebenes, ,,Steendanz`` genanntes Megalithgrab gruppiert, dessen Reste um 1950 beseitigt wurden, und läßt sich auf Grund eines Urnen- und Flintdolchfundes der jüngeren Bronzezeit zuordnen.

Mit dem angeführten Fundgebiet um den ,,Grapenberg`` wurde bereits ein langer Bestattungszeitraum erfaßt, der vom Neolithikum bis zum 5. Jh. n. Chr. reicht. Wenige hundert Meter weiter nordwestlich gelang außerdem die Entdeckung eines frühmittelalterlichen Gräberfeldes. Auch dieser Friedhof liegt im Umkreis eines großen zerstörten, ,,Meensbarg`` genannten Grabhügels. Nach einzelnen älteren Funden mußten seit 1949 infolge intensiven Sandabbaues und großflächiger Planierungen für den Straßenbau zahlreiche Notbergungen und Notgrabungen vorgenommen werden. Dabei wurden Reste eines Urnenfriedhofes der jüngeren Bronzezeit erfaßt, der von einem frühmittelalterlichen gemischt-belegten Gräberfeld überlagert und z. T. zerstört worden ist. Insgesamt konnten 51 Urnen der jüngeren Bronzezeit oft in Steinpackungen geborgen werden, außerdem gelegentlich Scherbenlager mit fingernagelverzierten Rauhtopfscherben. Die Gefäße waren mit Knubben-, Kammstrich- und Augenwulstornamentik versehen, und zu den Beigaben gehörten hauptsächlich Rasiermesser, Pinzetten und Pfrieme.

Für die Klärung der Struktur und Datierung des frühmittelalterlichen Gräberfeldes verlief eine 1954 von H. Aust durchgeführte Notgrabung besonders erfolgreich. Anlaß für die Untersuchung war ein bei Planierungsarbeiten angeschnittenes SN-Kammergrab, das eiserne Kastenbeschläge, einen Kastenverschluß sowie eine mit hölzerner Griffmanschette versehene Spatha vom Typ Immenstedt enthielt und damit etwa in die zweite Hälfte des 8. Jhs. n. Chr. datiert werden konnte. Zum Grabinhalt gehörte ferner ein Sporenpaar mit wulstförmig profilierten Schlaufenenden und Schnallengarnitur, von dem nur wenige Parallelen aus dem Küstengebiet vorliegen (z. B. Dunum, Ostfriesland und Cuxhaven-Galgenberg). Die Form der Grabanlage und die reichen Beigaben stellen diesen Sieverner Fund in die Reihe der Bestattungen von Angehörigen einer sozialen Oberschicht, die in Nordwestdeutschland als sogenannte „Adelsgräber" durch Körperbestattungen (z. B. Galgenberg) und durch Brandgräber (z. B. Dunum) belegt sind. Dem Kammergrab schlossen sich nordwestlich mehrere SN-Gräber an, von denen einige durch WO-Bestattungen überlagert wurden.

Insgesamt liegen von diesem Fundplatz bisher 130 Körpergräber vor, davon 51 SN- und 79 WO-Bestattungen, außerdem mit Sicherheit sieben Brandschüttungen oder Brandgruben und fünf Pferdegräber. Zu den Beigefäßen gehören vor allem kleine Näpfe oder Kümpfe mit Verzierungen durch Gitterstempel, hängende Dreiecke und auch menschliche Darstellungen, zu den Beigabentypen Messer, Schleifstein, Armreif, Dreilagenkamm, Gürtelschnalle, Beschläge. Nach der Auswertung des Fundmaterials dürfte in der Zeit um 800 der Übergang von den gleichzeitigen SN- und Brandgräbern zu den beigabenlosen WO-Bestattungen erfolgt sein. Einige Kugeltopfscherben aus zerstörten Gräbern geben weitere Datierungshinweise für das 9. und 10. Jh. Auffällig ist das Fehlen von Urnengräbern unter Hügeln, wie sie z. B. von den kleinen sogenannten „friesischen" Gräberfeldern im nördlichen Teil der „Hohen Lieth" bekannt sind. In der Kombination von älteren SN- und Brandgruben-Gräbern und jüngeren WO-Bestattungen ent-

Sievern. Ein frühmittelalterliches Körpergrab (7./8. Jh.) zwischen zwei jungbronzezeitlichen Urnen in Steinschutz (um 800 v. Chr.).

spricht das Sieverner Gräberfeld dagegen dem Typ vieler „spätsäch-
sischer" Gräberfelder Nordwestdeutschlands, die z. B. in Mahn-
dorf bei Bremen, Drantum, Kr. Cloppenburg, oder Looveen, Provinz Drenthe, in größerem Umfang untersucht wurden.

Die Goldfunde

Seit ein paar Jahren stehen einige bedeutende Goldfunde der Völkerwanderungszeit aus dem Bereich des „Mulsumer Moores" bei
Sievern erneut im Brennpunkt vielschichtiger Diskussionen über

33

die auf Grund fehlender Siedlungs- und Grabfunde weitgehend im Dunkeln liegende Zeitphase des 6. Jhs. n. Chr. Bereits 1823 wurde beim Plaggenhauen auf der „kleinen Geest" im „Mulsumer Moor" ein zweiteiliger goldener Halsring mit punktgefüllter eingestempelter Halbmondverzierung gefunden. Zu diesem Hortfund gehören ferner vier mit Ösen versehene römische Goldsolidi von Valentinian I. (364-375) bis Anastasius I. (491-518) sowie eine barbarische Anastasius-Nachahmung. Ähnlich verzierte Goldreifen kommen in den nordischen Ländern verhältnismäßig zahlreich vor; zwei kleine Bruchstücke kennen wir neuerdings aus einer Brandbestattung von Liebenau, Kr. Nienburg.

In die skandinavische Richtung weisen auch einige bedeutende Funde von Goldbrakteaten aus Sievern. Es handelt sich dabei um einseitig geprägte Schmuckstücke und Amulette, die ursprünglich immer eine Schnuröse besaßen und nicht als Münzen verwendet wurden. Auf Grund ihrer unterschiedlichen Verzierungsmotive wurden mehrere Typenserien aufgestellt. 1942 kam beim Torfstechen im „Moosmoor" ein Goldschatz von elf Brakteaten zum Vorschein, von denen einer der Typenserie A angehört, während zwei stempelgleiche C-, sechs stempelgleiche D- und zwei einzelne D-Brakteaten sind. 1950 wurde ein weiterer Brakteat des B-Typs entdeckt, der vielleicht aus einem Grab am „Grapenberg" stammen kann.

Alle drei Goldfunde aus Sievern gehören dem 6. Jh. an und rücken damit dieses Gebiet nicht nur in den Brennpunkt chronologischer, sondern auch wirtschaftshistorischer und politischer Vorgänge. Mit der kürzlich erfolgten eingehenden religionsgeschichtlichen Interpretation der Brakteatenbilder durch K. Hauck wird für unseren Bereich ein neuer Einblick in die Bedeutung der Amulette und damit in die Welt der Götter für den Menschen der Völkerwanderungszeit gegeben. Isoliert im Raum der bisherigen siedlungsarchäologischen Befunde stehen dagegen vorerst die mit der Auswertung der Goldbrakteaten gekoppelten historischen Aussagen, die eine dänisch-normannische Invasion über den Wesermündungsbe-

Ein Goldbrakteat aus dem Schatzfund von Sievern. Morgenstern-Mus. Bremerhaven. Dm 5,3 cm.

reich mit sofortigen Eroberungen bis in das Mittelelbe-Saalegebiet in der ersten Hälfte des 6. Jhs. annehmen. Tatsache bleibt jedoch die in unserem Exkursionsbereich bisher einmalige Stellung Sieverns mit seiner auch überregional bemerkenswerten Fundkonzentration des 6. Jhs. Bemerkenswert sind dazu vor allem die jüngsten Arbeiten A. Genrichs im Mittelwesergebiet (Liebenau) und die Untersuchungen ostenglischer Fundgruppen durch H. Vierck. Ihre Ergebnisse unterstreichen die Vermittlerrolle der Weser für den Fernverkehr über See nach Ostengland und Skandinavien während des 6. Jhs.

Auch aus jüngerer Zeit liegt von Sievern ein bedeutender Goldfund vor. 1859 wurde in der Nähe der Pipinsburg beim Umbrechen eines Heidestückes eine goldene Buckelspange mit drei ottonischen Silbermünzen geborgen, von denen eine in die Zeit Ottos III. (983-1002) gehört. Auf dem Mittelbuckel ist ein lilienartiges Motiv eingraviert, auf dem breiten Rand befinden sich vier aufgesetzte Zierknöpfe und vier aufgelötete drachenähnliche Figuren. Diese Buckelspange mit Zierborte läßt sich mit einer Reihe anderer Exemplare vergleichen, die nach zwei bedeutenden Schatzfunden im Kreise Cloppenburg als Typ von Klein-Roscharden in die Literatur eingeführt wurden. Ihre Verbreitung reicht von Niedersachsen, Brandenburg und Schleswig-Holstein bis nach Dänemark, Schweden und Norwegen, die Herstellung wird jedoch im sächsisch-fälischen Raum vermutet. Bemerkenswert ist der Fundort unseres Exemplares in der Nähe der Pipinsburg und damit an dem schon angeführten Wasserweg zur Küste.

Die Burganlagen

Die „Heidenschanze". Wurde bereits eingangs auf die verkehrsgünstige Lage des Sieverner Geestrückens am Schnittpunkt eines wichtigen Land- und Wasserweges hingewiesen, so wird diese auch durch die Anlage mehrerer Befestigungssysteme aus verschiedenen Zeitabschnitten bestätigt. Dazu gehören die noch von Schuchhardt als sächsische Volksburgen des 4. bis 7. Jhs. n. Chr. angesehenen Ringwallanlagen „Heidenstadt" und „Heidenschanze", die nach neueren Fundbergungen und Untersuchungen jedoch bereits der Spätlatène- und älteren Kaiserzeit zuzuordnen sind. Mit dieser Datierung wird die enge wirtschaftliche Verbindung von Geest- und Marschsiedlungen in der Zeit um Christi Geburt in ein neues Licht gerückt.

Die „Heidenschanze" liegt unmittelbar am Knotenpunkt beider

Wehranlagen bei Sievern. Stern: Fundstelle der Goldbrakteaten (1942). M = ca. 1:10000

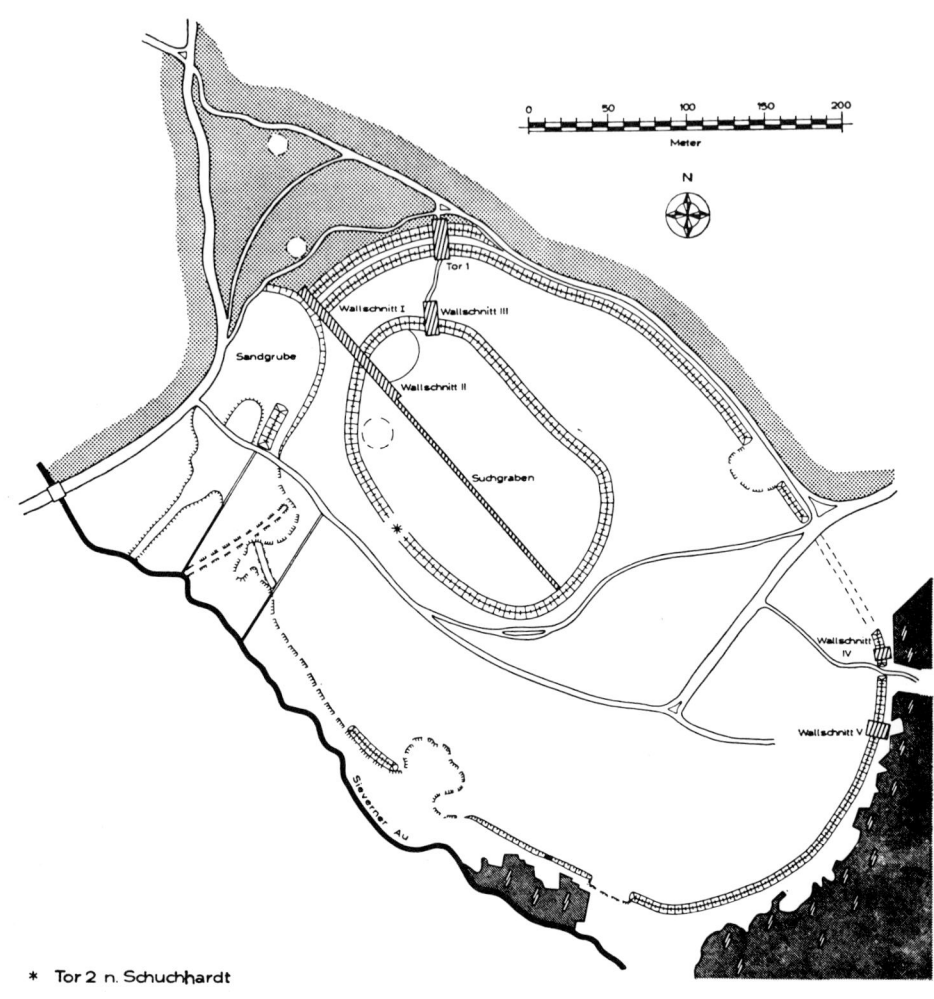

Lageplan der Heidenschanze in Sievern, Kr. Wesermünde.

Verkehrswege in der Nähe einer Furt, die durch zahlreiche Funde und Pfahlsetzungen nachgewiesen werden konnte. Während für die „Heidenstadt" nur die Datierung durch zahlreiche Neufunde gesichert werden konnte, fand 1958 auf der „Heidenschanze" durch das Niedersächsische Landesinstitut für Marschen- und Wurtenforschung eine größere Untersuchung statt, die auch neue Erkenntnisse zum System der Wehranlage vermittelte. Dieser große Ringwall mit etwa 10 ha großem Außenbering und etwa 2 ha umfassendem Innenbering bestand nach den Keramikfunden von etwa 50 v. Chr. bis in das 1. Jh. n. Chr.

Das Baugefüge des Außenwalles konnte vor allem im vermoorten Bachtal am besten beobachtet werden. Vom Moor überwachsen zeichnete sich dort zunächst im Holz erhalten die aus Eichenbohlen erbaute und in einen Fundamentgraben eingelassene Palisadenwand ab, gegen die von außen eine flache Sandböschung geschüttet und durch Faschinen oder Bretter zum Graben hin abgesichert war. Etwa 2 m von der Palisade entfernt wurde die Innenseite des Walles durch eine Plankenwand bis zur Höhe der Wallkuppe befestigt und zwischen Palisaden- und Plankenwand Sand eingestampft. Diese Technik einer Holz-Erde-Mauer ließ sich auf Grund der Bodenverfärbungen auch für den Innenwall nachweisen. Die durchschnittliche Höhe der Wälle betrug 1,80 m, ihre Gesamtbreite etwa 6,00 m. Nach dem Ergebnis der Wallschnitte wurde die äußere und innere Befestigungsanlage zweimal verstärkt und ausgebessert und dann noch im nordwestlichen Teil durch einen Vorwall abgesichert. Bei den vorgelagerten Gräben handelte es sich anfangs um Spitz- später um Sohlgräben von etwa 4 bis 5 m Breite, die durch eine Berme vom Wall abgesetzt waren.

Im Nordosten konnte die durch den äußeren Wall führende Toranlage mit drei verschiedenen Bauperioden nachgewiesen werden. Die Bauperiode I war durch ein Tor mit einbiegenden Torwangen gekennzeichnet, das sich von 4 m außen auf 6 m innen verbreiterte. Die Anlage II hatte keine geschweiften Torwangen, während es sich bei der Bauperiode III um einen kammertorartigen Bau handelte, der eine Länge von 10 m und eine Breite von 3 m aufwies. Das in das Kernwerk führende Tor war ebenfalls eine kammertorartige Anlage von 4 m Breite und etwa 5 m Länge. Es wurde bereits 1906 von

C. Schuchhardt auf der entgegengesetzten Seite der Toranlage des Außenwalles im südwestlichen Bereich des Innenberinges freigelegt. Danach bestand also, wie auch die Bohruntersuchungen in den Gräben gezeigt haben, kein direkter Zugang vom Außentor zum Kernwerk. Suchgrabungen im Kernwerk wiesen auf eine Bebauung des Inneren hin, wobei sich die aus Herdresten und Wandverfärbungen bestehenden Siedlungsspuren vor allem unmittelbar hinter dem Wall konzentrierten.

Wegen der Lage der „Heidenschanze" am Schnittpunkt eines Land- und Wasserweges ist diese Anlage sicher nicht als Fluchtburg zu interpretieren. Berücksichtigt man dazu die zahlreichen nahegelegenen und gleichzeitig einsetzenden Marsch- und Geestsiedlungen, so liegt in der Nutzung dieser Anlage als Stapelplatz oder befestigter Markt eine Interpretationsmöglichkeit. Beachtet werden muß jedoch auch das relativ kurze Bestehen dieses Ringwallsystems in einer Phase, die von den römischen Angriffskriegen in das Ems-, Weser- und Elbegebiet geprägt wird. Diese Vorgänge unterstreichen die Schutzfunktion der „Heidenstadt" für eine Bevölkerung, deren wirtschaftliche Interessen nicht nur auf den Nahbereich, sondern auch auf die Verbindung zu den Schiffahrtswegen ausgerichtet waren (s. S. 45 ff.).

Die Pipinsburg. Nur 1 km von der Heidenschanze entfernt liegt die mittelalterliche Ringwallanlage „Pipinsburg". Auch sie ist auf den genannten Wasserweg ausgerichtet. Der Wall erreicht noch heute eine Höhe von fast 5 m und wird nach Osten in Richtung auf den an der „Heidenschanze" entlangführenden Heerweg durch einen breiten Graben abgesichert. Hier liegt auch die Vorburg, die etwa 60 m vom Hauptwall entfernt durch einen niedrigen Abschnittswall mit Graben ihren Abschluß findet. Das Innere der Hauptburg hat einen Durchmesser von ca. 60 m und ist damit erheblich kleiner als die zentrale Anlage der Heidenschanze.

Bereits in den Jahren von 1906 bis 1908 erfolgten durch Schuchhardt, Hofmeister und Agahd Ausgrabungen im Inneren der Burg

Die Pipinsburg bei Sievern. Luftbild Fliegerbildschule Hildesheim 11. 5. 1938. Freigegeben: RLM. 16580/38.

und im Wallbereich. Schuchhardt folgerte aus dem einheitlichen und planmäßigen Aufbau, daß es sich wahrscheinlich um einen befestigten Herrenwohnsitz handelte. Bei den Grabungsschnitten wurden im Inneren der Anlage etwa elf bis zwölf Bauten erfaßt, davon zwei als Wohnhäuser, einer als Pferdestall, die übrigen als Speicher gedeutet. Offensichtlich handelte es sich nach diesem Befund um einen befestigten Wirtschaftsbetrieb. Alle Bauten, mit Ausnahme von zwei am Tor gelegenen, waren am Innenwall kreisförmig um einen freien Platz errichtet und aus Holz erbaut. Das seitlich durch Holzwände abgesteifte Tor wurde auf der Südseite des Walles in einer Breite von 2,5 bis 3 m und in einer Länge von 17,5 m nachgewiesen. Der Wall war größtenteils aus Plaggen bis zu einer

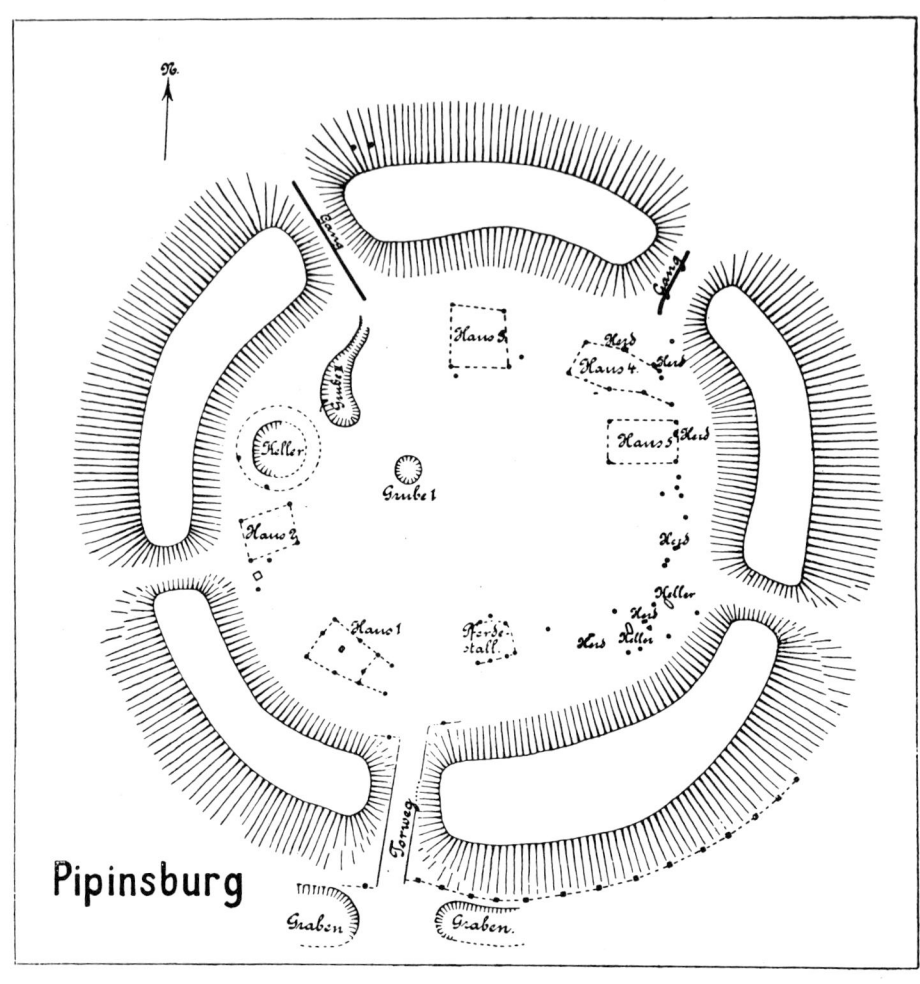

Plan der Pipinsburg. M = ca. 1 : 1000.

Höhe von 5 bis 6 m aufgebaut und in der äußeren Böschung dreifach mit Sandanschüttungen, die durch Holzwände gehalten wurden, abgestuft. Nach dem heute angezweifelten Befund befand sich ein

Wehrgang auf der Vorterrasse, der nach Ansicht des Ausgräbers durch Zugänge im Plaggenwall von den Verteidigern aus dem Inneren der Burg heraus erreichbar war.

Die vor allem auf Keramikfunde gegründete Datierung der Pipinsburg in das Ende des 8. Jhs. sowie starke Brandreste veranlaßten Schuchhardt anzunehmen, daß es sich bei der Anlage um eine „sächsische Herrenburg" handeln könnte, die während des erfolgreichen Kriegszuges Karls d. Gr. 797 in der Auseinandersetzung zwischen Sachsen und Franken zerstört wurde. Später hielt Schuchhardt die Burg für ein Verteidigungswerk der sächsischen Grafen, die nach der fränkischen Eroberung das Land verwalteten. Sie diente seiner Ansicht nach als Wehranlage gegen die Einfälle der Normannen. Eine spätere Auswertung der durch Kriegseinwirkungen vernichteten Keramik erbrachte jedoch Hinweise für die zeitliche Einordnung der „Pipinsburg" in das 11. bis 12. Jh., wie z. B. das Vorkommen von Scherben der Pingsdorfer Tonware zeigt. Für das Bestehen der Burg in ottonischer Zeit spricht der schon angeführte in der Nähe geborgene münzdatierte Fund einer goldenen Buckelspange. Andererseits liegt das ebenfalls beschriebene frühmittelalterliche Gräberfeld von Sievern mit Funden des 8. und 9. Jhs. nur wenige hundert Meter vom Burgstandort entfernt. Erst durch neue Grabungsschnitte werden somit genauere Anhaltspunkte über die Datierung, aber auch über die historische und soziale Funktion der „Pipinsburg" gewonnen werden können.

Sehr ähnlich und von gleicher Datierung, allerdings bedeutend kleiner (40 m Durchmesser), ist die Hollburg bei Kransburg südlich von Midlum.

Die „Siverdesburg". Die siedlungsarchäologischen Befunde im Lande Wursten haben gezeigt, daß nach der Aufgabe der kaiserzeitlichen Wurtendörfer in der Mitte des 5. Jhs. etwa im 8. bis 9. Jh. eine neue Landnahme in der Marsch erfolgt, die nach dem bisher vorliegenden Fundmaterial stark „friesisch" geprägt ist. Die gleichen Erscheinungen wurden auch bereits auf Grund zahlreicher

Grabfunde für den nördlichen Teil der „Hohen Lieth" angedeutet. Aus dieser frühmittelalterlichen Wurzel erwächst im Lande Wursten in kontinuierlicher Abfolge und in Verbindung mit einem erheblichen Landausbau die von der Geest unabhängige hochmittelalterliche Siedlungs- und Wirtschaftsstruktur der „Wurtfriesen" (s. Band 30, S. 14ff.). Die Geestdörfer dagegen sind fest in der Hand von Adelsgeschlechtern des Binnenlandes, deren Interessen wiederum sehr oft mit den landesherrschaftlichen Rechten der Bremer Erzbischöfe kollidieren (B. U. Hucker in Band 29). Im Kampf gegen die Unabhängigkeitsbestrebungen und regionalen Übergriffe der „Wurtfriesen" finden jedoch im 14. Jh. Geestadel und Erzbischof zu gemeinsamem Vorgehen zusammen.

So ist urkundlich bezeugt, daß 1343/44 die „Siverdesburg" in „loco dicto Syverdesborch prope villam dictam Syverden" als gemeinschaftliches Werk des Bremer Erzbischofs Burchard Grelle und der Herren von Bederkesa gegen die Belästigung der Wurster gebaut wird. Im Zuge des Abkommens zur Errichtung der Burg erhielt der Erzbischof von den Herren von Bederkesa nicht nur die Hälfte der zu erbauenden Befestigung und die Hälfte des dazugehörigen Grund und Bodens, sondern auch die Hälfte des Dorfes Sievern und anderer Orte, die seit dem späten Mittelalter zum Teil Wüstungen sind. Noch um 1500 wird die „Siverdesburg" unter den „castra destructa" aufgeführt, die in der Regierungszeit Erzbischof Alberts (1363-1395) und später zerstört worden sind.

Zur Lokalisierung dieser Burganlage ist anzuführen, daß noch heute im Dorf Sievern der Ortsteil „auf der Burg" besteht. Hier lag mit großer Wahrscheinlichkeit die „Siverdesburg" und beherrschte den Zugang zu dem angrenzenden Wasserweg, der in das Land Wursten führte. Noch heute gibt es die Bezeichnung „de Slipp" am Dorfausgang nach Wremen. Sie entspricht z. B. den heutigen Durchfahrten zum Außendeich oder den Schiffsstellen. Mit dieser jüngsten Burganlage bestätigt sich erneut die verkehrsgünstige Lage Sieverns am Knotenpunkt eines wichtigen Land- und Wasserweges. Diese Bedeutung als Stützpunkt des Geestrandes zur Marsch und zur See tritt uns in der Konzentration wichtiger Denkmälergruppen aus verschiedenen Zeitperioden entgegen.

Literatur:

. H. Aust, Die Vor- und Frühgeschichte des Kreises Wesermünde (Diss. Hamburg 1972; in Druckvorbereitung). – R. Drögereit, Die „Sächsische Stammessage". Stader Jahrb. 1973, 7 ff. – A. Genrich, Zur Frühgeschichte des Wesergebietes zwischen Minden und Bremen. Nachr. Niedersachs. Urgesch. 30, 1961, 9 ff. – A. Genrich, Einheimische und importierte Schmuckstücke des gemischtbelegten Friedhofes von Liebenau, Kr. Nienburg. Nachr. Niedersachs. Urgesch. 36, 1967, 75 ff. – A. Genrich, Kritische Betrachtungen zu neuen Theorien über „Stammesbildung und Stammestradition am sächsischen Beispiel". Jahrb. Männer Morgenstern 51, 1970, 41 ff. – W. Haarnagel, Die Ringwallanlagen Heidenschanze und Pipinsburg im Kreis Wesermünde, Gemarkung Sievern. Ringwall und Burg – Sonderaustellung Cloppenburg 1971, 11 ff. – W. Haarnagel, Die Grabung auf der Heidenschanze bei Wesermünde im Jahre 1958. Studien aus Alteuropa II. Beih. Bonner Jahrb. 10/II (1965) 142 ff. – K. Hauck, Goldbrakteaten aus Sievern. Münstersche Mittelalter-Schriften 1, 1970. – A. v. Oppermann – C. Schuchhardt, Atlas vorgeschichtlicher Befestigungen in Niedersachsen (1888-1916) Blatt 66. – B. Scheper, Mittelalterliche Mühlen bei Wehden, dem Fehrmoor und die Siverdesburg. Jahrb. Männer Morgenstern 49, 1968, 81 ff. – P. Schmid, Das Gräberfeld von Sievern. Jahrb. Männer Morgenstern 50, 1969, 21 ff. – Th. A. Schröter – H. Gummel, Der Goldbrakteatenfund von Sievern. Die Kunde N. F. 8, 1957, 3 ff. – R. v. Uslar, Ringwälle Nordwestdeutschlands. Die Kunde N. F. 18, 1967, 52 ff. – K. Waller, Ein Gemischtgräberfeld bei Sievern. Hammaburg 9, 1953, 45 ff. – W. Wegewitz, Die goldene Buckelspange aus Sievern, Kr. Wesermünde. Wohltmann-Festschrift (1965) 180 ff. – R. Wenskus, Sachsen – Angelsachsen – Thüringer. Wege der Forschung 50 (1967) 483 ff. – G. Werbe, Die „Sieverdesburg" in Sievern. Jahrb. Männer Morgenstern 45, 1964, 365 ff.

P. Schmid

Die Heidenstadt

Etwa 800 m nordöstlich der Heidenschanze (s. S. 36ff.) liegt in der Gemarkung Holßel die Heidenstadt, ein Ringwall von ca. 220 × 180 m Durchmesser. Schuchhardt hielt beide Anlagen für sächsi-

Luftbild des Ringwalls „Heidenstadt" bei Sievern. Freigegeben v. Senator f. Häfen, Schiffahrt u. Verkehr Bremen unter der Nr. Fe Bremen 7307 12/2.

sche Volksburgen. Die von ihm abgebildete Keramik datiert aber wie die der Heidenschanze in die Spätlatènezeit und das 1. Jh. n. Chr. Funde dieser Zeitstellung wurden auch während der archäologischen Landesaufnahmen und bei späteren Begehungen gesammelt. Demnach haben beide Burgen gleichzeitig ab Mitte des 1. Jhs. v. Chr. bis Ende des 1. Jhs. n. Chr. bestanden. Auf jüngere Besiedlung im Bereiche der Heidenstadt deuten Keramikfunde des 4./5. Jhs. hin.

Beide Burgen liegen an wichtigen alten Verkehrswegen in einer Ballungszone frühkaiserzeitlicher Besiedlung, die auch durch die Verbreitung eisenzeitlicher Ackerfluren (s. Band 30, S. 23ff.) deutlich wird. Vier z. T. ausgedehnte „Celtic fields" liegen in nächster Nähe der beiden Burganlagen.

Ausgrabungen wurden in der Heidenstadt bisher lediglich durch Schuchhardt durchgeführt. Er untersuchte Wall und Tor. Danach besaß der etwa 8 m breite Wall nach außen hin eine Versteifung oder vorgesetzte Palisade, die Schuchhardt aus zwei parallelen Wandgräbchen rekonstruierte.

Außerhalb des Walles verliefen zwei Gräbchen in 7 m Abstand voneinander. Nach Norden hin wurde ein Tor mit einer Torgasse von 3,50 m Breite und 7,35 m Länge freigelegt. Die Torwangen bestanden jeweils aus zwei parallelen Pfostenreihen, falls Schuchhardt die Ergebnisse seiner kleinen Grabungsflächen richtig interpretierte.

Literatur:
A. v. Oppermann – C. Schuchhardt, Atlas vorgeschichtlicher Befestigungen in Niedersachsen (1888-1916) 96 f.

W. H. Zimmermann

Das Großsteingrab „Bülzenbett" bei Sievern

Zu den bekanntesten Großsteingräbern Norddeutschlands zählt das „Bülzenbett" bei Sievern, Kr. Wesermünde. Trotz schwerer Beschädigungen geht von der mächtigen Anlage immer noch ein eigentümlicher Reiz aus, der jährlich unzählige Besucher anlockt und tief beeindruckt.

Das Hünenbett enthält eine Kammer mit drei ungewöhnlich großen Decksteinen auf neun (ehemals zehn) Trägern, die zu je vieren auf den Langseiten und je einem auf den Schmalseiten angeordnet sind. Der mittlere Deckstein ist in zwei Hälften gesprengt und mit den Bruchkanten in die Kammer gestürzt. Er weist noch eine Reihe von Keillöchern auf. Die Außenmaße der Kammer betragen 4,70 x 8 m, die Innenmaße 2–2,50 x 6 m. Von den ehemals etwa 55 Steinen der Umfassung sind noch 33 vorhanden. Sie bilden ein sich nach Osten verjüngendes Trapez mit den Außenmaßen 6,50–8,50 x 35,50 m.

Das Bülzenbett bei Sievern.

Die von E. Sprockhoff in seinem Atlas noch als „umgefallen" bezeichneten Umfassungssteine wurden von der Abteilung Archäologische Denkmalpflege der Kreisverwaltung Wesermünde im Sommer 1970 mit Hilfe des Technischen Hilfswerks Bremerhaven wieder in ihre Standspuren gestellt. Die Herrichtung des Grabes in einen besichtigungswürdigen Zustand war jedoch nicht mit einer weiteren Untersuchung verbunden.

Ohne eine genaue Untersuchung läßt sich nicht mehr entscheiden, ob das Bülzenbett ein nordisches Ganggrab oder ein Großdolmen war, da genau der Bereich gestört ist, in dem der Ansatz eines Ganges gelegen haben kann. Jedenfalls hat ein anderes Hünenbett in der Nähe, der völlig zerstörte „Steendanz", den Mushard noch intakt abbildet, einen solchen seitlichen Zugang gehabt. Trotzdem spricht einiges dafür, daß Sprockhoff und Jacob-Friesen recht haben, wenn sie den Großdolmencharakter des Bülzenbettes betonen.

Auch durch die bekannt gewordenen Funde erlangt man keinen genaueren Aufschluß über Typ und Erbauer des Grabes. Sie zeigen nur, wie üblich, eine Mehrfachbenutzung an. Die bislang vorliegenden Hinterlassenschaften der Trichterbecherkultur lassen auf eine Errichtung der Anlage nicht vor 2000 v. Chr. schließen.

Im Laufe der Jahrhunderte entstand über das Bülzenbett eine umfangreiche Literatur. Wie schon im forschungsgeschichtlichen Abschnitt (s. Bd. 29, S. 2.9) erwähnt, zeigte der Kupferstecher Wilhelm Dilich 1604 das Bülzenbett als Bildschmuck auf einer Karte des Amtes Bederkesa und überlieferte damit die älteste bildliche Darstellung eines Großsteingrabes in der deutschen Literatur überhaupt. Mushard bezweifelte 150 Jahre später, daß Dilich mit „Monumenta Chaucorum" (Inschrift auf dem dargestellten Steingrab) das Bülzenbett gemeint habe, da es in der Nähe ein noch größeres Grab gegeben haben soll. Nach Mushards eigener Beschreibung hat aber das von ihm für das „Monumentum Chaucorum" gehaltene und zu seiner Zeit schon gesprengte Steingrab nur einen Deckstein gehabt. Dilich zeigt jedoch drei Decksteine, allerdings den mittleren noch unbeschädigt. Auf der von Mushard gezeichneten Karte ist der

Bülzenbett (cc), Steendanz, Heidenschanze, Heidenstadt und Pipinsburg
nach Martin Mushard (um 1750).

mittlere Deckstein bereits gesprengt, so daß die Zerstörung zwischen 1604 und 1755 erfolgt sein muß.

Im archäologischen und landeskundlichen Schrifttum des 19. und 20. Jhs. erscheinen allein 20 eingehendere Abhandlungen über das Bülzenbett. Wichtig darin sind nur die Hinweise auf Grabungen. So berichten Müller und Reimers: „Im Osten der großen Steinkammer des Bülzenbettes innerhalb der Umfassung hat der Gastwirth Scheper in Lehe 1865 bei einer Ausgrabung eine kleine Kammer, gebildet aus kleinen Feldsteinen von 20 bis 24 cm Stärke, entdeckt und in derselben einen großen Keil aus blauschwarzem Feuerstein und einen Hammer aus bläulichem Stein mit aufliegenden Streifen gefunden. (Beide Stücke im Hamburger Museum.) In der großen Kammer blieb die Untersuchung damals ohne Ergebnis." Diese Funde ließen sich in Hamburg allerdings nicht mehr nachweisen.

Im Katalog der Ausstellung prähistorischer und anthropologischer

Funde Deutschlands in Berlin (1880) erscheint dann aber (S. 139) aus der Sammlung Scheper unter Nr. 10: „Lanzenspitze aus Feuerstein. Gef. im sog. Bülzenbett innerhalb des Steinkreises bei Sievern, nördl. von Lehe." Dieser 14,5 cm lange Flintdolch und ein gelbes Flintbeil, 23,5 cm lang, gelangten wirklich als Schepersche Funde aus dem Bülzenbett in das Völkerkundemuseum Hamburg.

Schuchhardt, der 1906 einen Schnitt durch das Grab legte, Bohls, Müller-Brauel, Dienerowitz, Nast und Aust fanden jeweils einige neolithische Scherben. Ob zwei Funde von Bohls, ein dünnackiges Flintbeil und ein Meißel, innerhalb der Umfassung gefunden wurden, bleibt ungewiß. Von diesen beiden verschollenen Funden sind durch Müller-Brauel Skizzen überliefert.

Literatur:
Literaturangaben zu diesem Monument sind dem Verzeichnis im Bd. 29, S. 20ff. zu entnehmen.

H. Aust

Die Wurt Feddersen Wierde

Die Wurt Feddersen Wierde liegt an der Nordseeküste im Mündungsgebiet der Flüsse Weser und Elbe im Lande Wursten. Sie gehört zu einer Reihe von großen Dorfwurten, die entlang eines subfossilen Brandungswalles kurz vor Christi Geburt in Nord-Süd-Richtung errichtet wurden. Es sind die Wurten Alsum, Dorum, Mulsum, Feddersen Wierde, Fallward, Barward und Dingen (Imsum). Die im Westen vorgelagerten Dorfwurten, wie Cappeln, Padingbüttel, Misselwarden und Wremen sind jünger. Sie sind erst nach Verlandung des unmittelbar vor den prähistorischen Wurten liegenden Wattenmeeres im frühen Mittelalter entstanden (s. Abb. S. 53).

Zur Zeit der ersten Landnahme war infolge eines Meeresvorstoßes

Luftbild der Wurster Marsch mit der Grabungsfläche der Feddersen Wierde (im Vordergrund). Dahinter die nördlich gelegenen Dorfwurten Mulsumer Wierde, Mulsum, Dorum und Alsum.

um etwa 500 v. Chr. (Überflutungsphase Dünkirchen I) der alte Festlandsockel des Landes Wursten zerstört und in Inseln von halligartigem Charakter aufgelöst worden. In jener Zeit wurde auch der Brandungswall aufgeschüttet, auf dem dann in der Spätlatènezeit die ersten Siedler ihre Wohnsitze unmittelbar an der damaligen Küste errichteten.

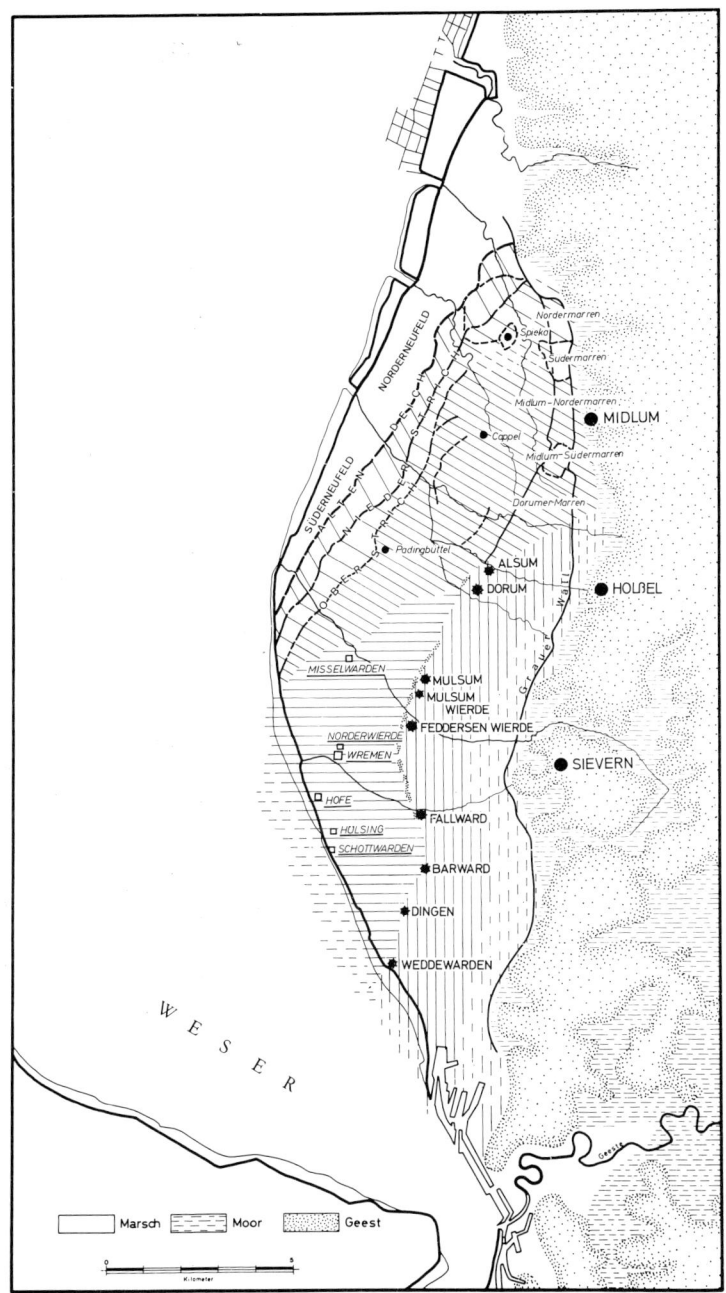

Das Land Wursten an der Wesermündung. In senkrechter Schraffur die alte Marsch mit der Nord-Süd ausgerichteten Wurtenkette und dem davorliegenden Brandungswall (fein gestrichelt). Im Westen in waagerechter und schräger Schraffur die junge Marsch mit den frühgeschichtlichen und mittelalterlichen Wurten. Im Osten, punktiert, die Geest.

BRANDUNGSHALL

VERBREITUNG DES AELTEREN
SIEDLUNGSKERNES

JUENGERER AUSBAU

JUENGERER ODER AELTERER
AUSBAU DER SIEDLUNG

HAEUSER DER
SIEDLUNGSHORIZONTE
1a – 1d

1a 1b 1c 1d

SCHEMATISCHE ZUSAMMEN=
FASSUNG DER HAEUSER VON
SIEDLUNGSHORIZONT 5 – 7

5 – 7

0   100
└─┴─┴─┴─┴─┴─┴─┴─┴─┴─┘ Meter

NORD

Schematische Darstellung der Ausbauperioden der Feddersen Wierde und Skizzie-
rung der Insellage zu Beginn der Landnahme.

Die ersten Bewohner der Wurt Feddersen Wierde siedelten sich auf einer dieser Inseln an. Diese war von zwei Meeresrinnen umfaßt, in die ein Bachbett der benachbarten Geest einmündet (s. Abb. S. 54). Die ersten Wirtschaftsbetriebe wurden zur flachen Erde im Nordwesten der Insel errichtet. In den nachfolgenden Jahrhunderten wurde die Siedlung in nordöstlicher und südöstlicher Richtung ausgebaut. Die Meeresrinnen verlandeten zum Teil im Verlauf der Besiedlung. Sie wurden zugeschüttet und überbaut. Nur die südwestliche Rinne blieb offen. Sie diente als Wasserweg für die damalige Schiffahrt, stellte über das Bachbett eine Verbindung mit der in 3,5 km entfernt liegenden Geest her und erschloß zugleich die Zufahrt zu den damaligen Schiffahrtswegen entlang der Küste, die in östlicher Richtung zu den Handelsplätzen Jütlands und in westlicher Richtung zu denen des Niederrheins führten. In den Buchten befanden sich Anlegeplätze für Schiffe, von denen einer auf der Feddersen Wierde freigelegt werden konnte.

Die Wirtschaftsbetriebe waren von der letzten Hälfte des 1. Jhs. vor bis zum Ende des 1. Jhs. n. Chr. in den Siedlungsphasen 1a bis 1d zur flachen Erde erbaut. Sie waren reihenförmig hintereinander angeordnet und ost-west-gerichtet, sie bildeten also eine Reihensiedlung.

Am Ende des 1. Jhs. n. Chr. mit Beginn des Wurtenbaues änderte sich diese Siedlungsform. Man warf rund um einen freien Platz schmale langgestreckte Hügel von rund 1,0 m Höhe aus Erde und Stallmist, die sogenannten Kernwurten, auf. Auf diesen wurden die bäuerlichen Wirtschaftsbetriebe errichtet, die jetzt kreisförmig um einen freien Platz angeordnet waren.

Die Kernwurten wurden zum Schutz gegen Meeresüberflutungen aufgeschüttet, die seit dem 1. Jh. n. Chr. erneut die Küste gefährdeten. Mit dem Wurtenbau wurde also die Siedlungsform der Reihensiedlung aufgegeben und, wie die Anordnung der Kernwurten zeigt, nach einem vorher festgelegten Plan das radial angelegte Dorf geschaffen, das seine Form bis kurz vor Aufgabe der Siedlung im 4. bis 5. Jh. in sechs Siedlungsphasen beibehielt.

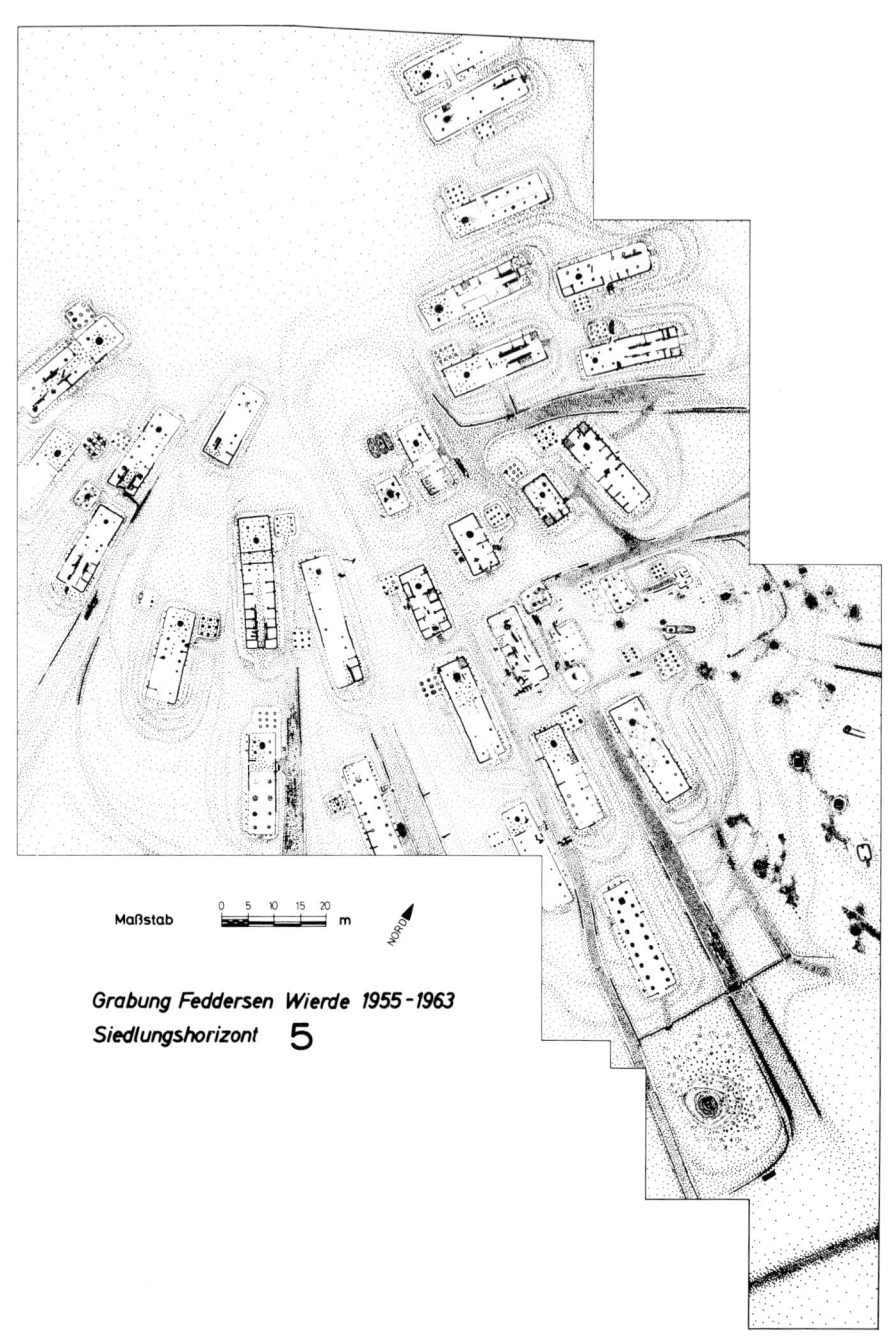

Maßstab 0 5 10 15 20 m NORD

Grabung Feddersen Wierde 1955-1963
Siedlungshorizont **5**

Das Runddorf während der Siedlungsperiode 5 (3. Jh. n. Chr.). Rechts im Bild das mit Palisade und Graben umgebene Herrenhaus und das Werkstattgebiet. Links unten jenseits der Gasse die Versammlungshalle.

Modell der Feddersen Wierde während der Siedlungsperiode 5.

In der Folgezeit mußten die Kernwurten wegen Anstieg des Sturm-
flutspiegels durch Auftrag von Erde und Mist erhöht werden. Mit
Anwachsen der Bevölkerung mußten diese auch ausgebaut werden.
Es entstand ein zweiter Ring von Häusern, der den inneren umfaßte
(Abb. S. 56). Durch die Erhöhung und den Ausbau der Kernwurten
wuchsen diese schließlich im 3. Jh. n. Chr. zu einer großen läng-
lich-ovalen Wurt zusammen. Die Feddersen Wierde entstand also
nicht durch die allmähliche Anhäufung von Siedlungsabfällen, sondern erhielt durch einen geplanten Ausbau ihre heutige Gestalt. Sie

Der Grundriß eines Wohnstallhauses.

bedeckt heute eine Fläche von rund 4 ha und hat eine Höhe von
+4,0 m NN. Der gewachsene Boden steht in der Tiefe von − 0,30
bis + 0,30 m NN an. Der Gesamtauftrag der Wurt beträgt also rund
4,00 m. An der Basis der Wurt lag die Flachsiedlung, die sich in die
vier Siedlungsphasen 1a-1d (1. Jh. v. bis 1. Jh. n. Chr.) aufgliederte.
In der 4,0 m mächtigen Wurtauftragung waren 7 Siedlungshorizonte, die Horizonte 2-8 (1./2. bis 4./5. Jh. n. Chr.) eingeschlossen.
Die Horizonte konnten mit Hilfe von Metall- und Keramikfunden
sowie römischer Importware in ein relatives Zeitschema eingeordnet werden[1]).
Die Grundrisse der bäuerlichen Wirtschaftsbetriebe waren wegen

Hausgrundrisse der Siedlung Feddersen Wierde. Das Haus rechts oben läßt deutlich die Innenaufteilung erkennen. Wohnteil und Stallgang zeichnen sich in heller Verfärbung ab. Die hellen Pfostenverfärbungen zwischen den Häusern gehören zu einem Sechs- und Zwölfpfostenspeicher.

der günstigen Erhaltungsbedingungen zum überwiegenden Teil in Holz erhalten. Sie sind mit geringen Ausnahmen im gleichen Baustil errichtet. Sie gehören zum Typ der dreischiffigen Wohnstallhäuser, die als Hausform seit der älteren Eisenzeit im Küstenbereich der Nordsee verbreitet sind[2]). Es handelt sich um bäuerliche Häuser, in denen der Mensch und das Vieh unter einem Dach untergebracht sind. Im Inneren sind sie durch zwei Reihen starker Eichenpfosten in ein Mittelschiff und zwei Seitenschiffe unterteilt (s. Abb. S. 58). Die Außenwände bestehen aus Flechtwerk mit Lehmbewurf. Außerhalb derselben stehen Eichenpfosten, die gemeinsam mit den Innenpfosten das Dach tragen. Der Wohnraum der Häuser ist im radial angelegten Dorf immer zum freien Platz hin ausgerichtet.

Die Häuser sind im Innern in einen Wohn-, Wirtschafts- und Stallteil gegliedert. Sie haben meist drei Eingänge, die durch Türpfosten und Schwellhölzer klar gekennzeichnet sind. Zwei einander gegenüberliegende Eingänge befinden sich auf den Längsseiten des Hauses und führen in den Wirtschaftsteil. Der dritte Eingang liegt in einer der Giebelseiten und dient als Zugang zum Stall. Bei den Häusern mit kleinerem Stallteil fehlt oft der Mitteleingang. Der Stall ist bei diesen nur über die Seiteneingänge erreichbar.

Der Wohnraum ist durch eine Flechtwand vom Wirtschaftsraum abgetrennt und bildet einen in sich abgeschlossenen Raum. Er ist mit einem hellen festgestampften Klei ausgelegt (vgl. Abb. S. 59). In seiner Mitte befindet sich der Herd, der aus Lehm aufgebaut und mit Gefäßscherben gepflastert ist. An den Längswänden zeichnen sich kleine rechteckige Kammern ab, die als Schlafkojen oder auch zum Teil als Abstellräume gedient haben können.

Der Wirtschaftsteil, der immer zwischen Wohn- und Stallteil liegt, gehört offenbar zum Wirkungsbereich der Hausfrau. Er hatte vermutlich den gleichen Zweck wie die Vorküchen im niederdeutschen Bauernhaus. Hier bereitete die Hausfrau mit ihrem Gesinde die Mahlzeiten und benutzte ihn wohl auch zur Herstellung von Käse, Butter und sonstigen für die Ernährung erforderlichen Lebensmitteln. Dieses wird durch das Auftreten von vielen Scherben, der Putzlappen und vor allem der Unterbauten von Holzgestellen in diesem Raum belegt, die zu Tischen und sonstigen Geräten gehört haben können. Es wäre denkbar, daß in diesem Raum auch die Mahlzeiten eingenommen wurden. Er ist sehr häufig vom Stallteil durch eine Flechtwand, in der sich ein Eingang zum Stallteil befindet, abgeschlossen.

Im Stallteil sind die Seitenschiffe durch Flechtwände in Boxen unterteilt. Im Mittelschiff an den beiden Pfostenreihen entlang befindet sich eine Jaucherinne, die mit Schilf ausgelegt ist. Der Stallgang nahm also nicht die volle Breite des Mittelschiffes ein, sondern ist, je nach Größe des Hauses, nur 1,50 bis 2,00 m breit. Er ist mit einer Grassodenpackung ausgelegt und gegen die Jaucherinnen durch Längsbalken abgegrenzt. Die Rinder standen demnach mit ihrem Hinterteil noch im Mittelschiff und waren mit dem Kopf zu den Längswänden gerichtet aufgestellt.

Fast zu jedem Haus gehörte ein Speicher, in dem die Lebensmittel, wie Fleisch und die Ernteerträge, untergebracht waren. Die Speicher standen überwiegend in unmittelbarer Nähe des Wirtschaftsteils der Häuser und waren von diesem durch die Quereingänge auf den Längsseiten des Hauses mit wenigen Schritten erreichbar. Die Speicher hatten unterschiedliche Größen. Es traten Vier-, Sechs-, Neun-, Zwölf- und Sechzehnpfosten-Speicher auf. Im Durchschnitt wiesen sie Ausmaße von 3,00 × 4,00 m auf. Die Pfosten waren bis zu 1,00 m tief in den Boden eingelassen und häufig durch Querversteifungen im Untergrund gegen Setzungen abgesichert. Die Stärke der Eichenpfosten, die einen Durchmesser bis zu 20 cm besitzen, und die Versteifungen lassen erkennen, daß sie schwere Lasten getragen haben.

Die Wirtschaftsbetriebe hatten auf der Feddersen Wierde unterschiedliche Größe. Die größeren waren 27,00 bis 29,00 m lang und 6,50 bis 7,00 m breit. Die kleineren dagegen wiesen nur Längen von 10,00 bis 14,00 m und Breiten von 5,00 bis 6,00 m auf. Das Wohnstallhaus mit Speicher bildete einen selbständigen bäuerlichen Wirtschaftsbetrieb.

Bei den kleineren Häusern nimmt der Wohnteil fast den ganzen inneren Raum des Hauses ein, und die Stallungen reichen nur zur Unterbringung von wenigen Tieren. Das Größenverhältnis von Stall- und Wohnraum läßt vermuten, daß bei den Bewohnern dieser Häuser nicht die Landwirtschaft im Vordergrund stand, sondern daß sie noch einen anderen Beruf ausübten. Die großen Wohnräume könnten zugleich als Werkstätten gedient haben, in denen die Bewohner einer handwerklichen Tätigkeit nachgingen. So wurde u. a. im Siedlungshorizont 5 ein Haus mit Ausmaßen von rund 5,00 × 9,00 m freigelegt, dessen Wohnteil fast den ganzen Raum einnahm (s. Abb.

S. 56). Die Viehboxen befanden sich an einer der Giebelseiten, also nicht – wie sonst üblich – in den Seitenschiffen der Längsseiten. Sie waren so schmal, daß in ihnen nur Ziegen oder Schafe untergebracht werden konnten. Es handelte sich bei diesen Häusern offenbar um Handwerkerhäuser. Diese Annahme wird noch dadurch bestärkt, daß auf ihren Hofplätzen auffällig viel Halbfertigfabrikate und Werkstattrückstände aus Horn und Knochen gefunden wurden. Da aber diese Kleinhäuser zum überwiegenden Teil Speicher besitzen, muß angenommen werden, daß ihre Bewohner neben dem Handwerk auch noch der Landwirtschaft nachgingen. Fehlte der Speicher, so wurden die Handwerkerfamilien offenbar von den Bewohnern der größeren bäuerlichen Betriebe, denen sie meist zugeordnet waren, mit Lebensmitteln versorgt.

Gleichaltrige Wirtschaftsbetriebe des Typs der Feddersen Wierde mit Queraufschlüssen konnten in den Niederlanden auf den Grabungen in Fochteloo, Prov. Friesland, und in Wijster, Prov. Drenthe, nachgewiesen werden[3]. Quer aufgeschlossene Häuser gibt es ferner in Jütland. In Schleswig-Holstein trat dieser Typ in der Wurt Tofting bei Tönning in Eiderstedt auf[4].

In den ältesten Siedlungsphasen der Flachsiedlung betrug die Anzahl der Wirtschaftsbetriebe je Siedlungshorizont fünf bis elf Betriebe. Mit Beginn des Wurtenbaues nahmen sie an Zahl zu. Im Siedlungshorizont 2 traten sechzehn, im Siedlungshorizont 3 zweiundzwanzig, im Siedlungshorizont 4 vierundzwanzig, im Siedlungshorizont 5 achtundzwanzig, im Siedlungshorizont 6 fünfundzwanzig und im Siedlungshorizont 7 achtundzwanzig Wohnstallhäuser auf. Insgesamt wurden also 175 Wohnstallhäuser freigelegt, unter denen sich auch Handwerkerhäuser befanden. An Bauten kamen noch 144 Speicher und einige Werkstätten hinzu. Die Häuser des Siedlungshorizontes 8 blieben hier unberücksichtigt, da sich diese unmittelbar unter der Oberfläche der Wurt nur noch undeutlich abzeichneten und ihre Größen daher nicht sicher bestimmt werden konnten. Es handelt sich bei diesen zum überwiegenden Teil um kleinere Handwerkerhäuser.

In den einzelnen Siedlungs- bzw. Dorfhorizonten waren mehrere Wirtschaftsbetriebe innerhalb einer Umgrenzung von Zaun und Graben zusammengefaßt. Sie setzten sich so gegen die anderen deutlich ab. Die bäuerlichen Familien waren also offenbar in Sippen- oder Wirtschaftsverbänden zusammengeschlossen, die sich durch Zäune und Gräben gegeneinander abgrenzten. Innerhalb einer Umzäunung lagen oft ein größerer Wirtschaftsbetrieb und ein oder mehrere kleinere. Jeder Verband wurde anscheinend von einem Großbauern und seinen Hintersassen gebildet. Demnach hat es sich offenbar bei den auf der Feddersen Wierde nachgewiesenen Verbänden um Zweckverbände gehandelt. Wie die Funde von Halbfertigfabrikaten und Werkstattrückständen erkennen ließen, übten die Bewohner auf den kleinen Höfen, wie bereits erwähnt, neben der Landwirtschaft zugleich auch ein Handwerk aus.

Ab Siedlungshorizont 2 trat in jedem Siedlungshorizont ein Besitz besonders hervor, der sich durch seine Größe und die Zahl der ihm zugeordneten Wirtschaftsbetriebe auszeichnete. Hier wohnte der vermögendste der unabhängigen Bauern. Bereits im 2. Jh. n. Chr. bewohnte er ein Haus, das an Stelle der Stallungen eine Halle besaß. Dieses Wohnhallenhaus trat auch in den Siedlungshorizonten der nachfolgenden Jahrhunderte auf. Im 3. Jh. n. Chr. war es von einer Palisade aus Eichenbohlen und einem Graben umgeben und lag innerhalb eines großen, ebenfalls von Zaun und Graben eingefaßten Hofplatzes, abgesondert von den Wirtschaftsbetrieben des Dorfes (vgl. Abb. S. 56). Die Lage und die Einfriedigung mit einer Palisade lassen vermuten, daß aus dem sich seit dem 2. Jh. n. Chr. heraushebenden Besitz im 3. Jh. ein Herrenhof entwickelt hat. Welche besondere rechtliche Stellung die Familie innerhalb der Dorfgemeinschaft einnahm, konnte nicht festgestellt werden. Vom Herrenhof wurde das Berufshandwerk organisiert und der Handel betrieben, wie die Werkplätze und die Importfunde in seiner unmittelbaren Umgebung erkennen lassen. Der Bau einer Versammlungshalle im Bereich des Herrenhofes zeigt weiterhin, daß sich hier auch der

Mittelpunkt des gesellschaftlichen Zusammenlebens der Dorfgemeinschaft befand.

Die Bewohner der Feddersen Wierde waren in erster Linie Viehzüchter und Ackerbauern. Auf Grund geologischer und botanischer Befunde läßt sich sagen, daß den Bewohnern an nutzbarem Land eine Gesamtfläche von 260 bis 290 ha zur Verfügung stand. Hiervon waren nur 40 bis 50 ha als Ackerland geeignet. An Weideland standen demnach 220 bis 240 ha zur Verfügung, das nach dem Viehbestand, der sich annähernd aus der Boxenzahl in den bäuerlichen Betrieben errechnen ließ, kaum ausreichte. Es wurden in den älteren Horizonten der Flachsiedlung 98 bis 200 Rinder je Wohnhorizont, in den Horizonten des 2. bis 3. Jhs. je rund 300 Rinder, im Siedlungshorizont 5 etwa 450 Rinder gehalten. In den nachfolgenden Jahrhunderten nahmen sie mit dem Rückgang der Landwirtschaft an Zahl wieder ab. Auf das beschränkt zur Verfügung stehende Weideland ist vermutlich auch die große Zahl der Abschlachtungen an Jungtieren im Herbst zurückzuführen, die sich nach der Untersuchung des Knochenmaterials ergibt. Nach der von Reichstein[5]) errechneten Mindest-Individuenzahl der Haustiere sind unter diesen das Rind mit 48,3 %, das Schaf mit 23,7 %, das Pferd mit 12,7 %, das Schwein mit 11,1 % und der Hund mit 4,2 % vertreten. Das Rind stand also als Wirtschaftsfaktor in der Viehwirtschaft im Vordergrund.

Die Jagd und der Fischfang hatten nur eine geringe Bedeutung, wie die wenigen Knochenfunde von Wildtieren erkennen lassen. Sie dienten zur Versorgung mit Frischfleisch und zur Bereicherung der Speisenfolge.

Für den Ackerbau standen nur die hoch aufgelandeten Ufer der Priele zur Verfügung. Das Ackerland war also ebenfalls beschränkt. Die Ackerbeete waren etwa 30 m breit und von unterschiedlicher Länge, die durch die Prielläufe und Entwässerungsgräben bestimmt wurde. Sie wurden mit dem Wendepflug gepflügt, wie die Pflugschollen und der Fund einer Pflugschar beweisen. Es wurde nur Sommerfeldbau betrieben, wie die Ruderal- und Hackunkräuter nach Körber-Grohne[6]) erkennen lassen. An Bodenfrüchten wurden etwa 50 % Hafer und Gerste, wobei die Gerste dominierte, 25 % Feldbohnen und etwa 25 % Lein und Leindotter für die Ölgewinnung angebaut. Die anderen Getreidearten Emmer und Dinkel traten nur in geringen Mengen auf. Sie sind für die Versorgung daher nur von geringer Bedeutung gewesen.

Neben der Landwirtschaft wurde auf der Feddersen Wierde auch das Handwerk betrieben. Auf Grund der Befunde konnte dieses in seiner Ausübung unterschieden werden in: das Hauswerk, das bäuerliche Handwerk und das Berufshandwerk[7]).

Zum Hauswerk gehört das Spinnen und Weben, welches durch die zahlreichen Funde von Spinnwirteln und Webgewichten und Textilien belegt werden konnte[8]). Das Auftreten von Mahlsteinen, verteilt auf die einzelnen Betriebe, läßt weiterhin erkennen, daß Schrot und Mehl im Hauswerk hergestellt wurden. Weiterhin wurden aus Binsen- und Weidenzweigen Körbe und Matten gefertigt, von denen Reste in fast allen Siedlungshorizonten gefunden wurden.

Die zimmermannsgerechte Bearbeitung der Bauhölzer läßt vermuten, daß das Zimmermannshandwerk zwar von der bäuerlichen Bevölkerung ausgeübt wurde, sicherlich aber unter Anleitung besonders handfertiger und geschickter Dorfinsassen.

Letztere könnte man als Handwerker bezeichnen, wenn sie auch zugleich Landwirtschaft betrieben. Man müßte demnach das Zimmermannshandwerk zum bäuerlichen Handwerk rechnen.

Das bäuerliche Handwerk wurde in den bäuerlichen Kleinbetrieben ausgeübt. Hier wurden nach der Kartierung Geräte aus Knochen und Horn hergestellt. Hier erfolgte offenbar auch die Bearbeitung der Häute und ihre Weiterverarbeitung zu Leder. Der Nachweis der Halbfertigfabrikate von Holzgefäßen auf zwei Hofplätzen läßt weiterhin erkennen, daß das Drechseln von bäuerlichen Handwerkern ausgeübt wurde.

Die Handwerker sind durch die Werkplätze im Nordosten und Osten des Herrenhofes faßbar. Hier waren zum überwiegenden Teil Schmiede und Bronzegießer tätig, wie die Funde von Ausheiz-

Gußform für einen Gürtelhaken. L. 8,3 cm.

herden, Bronzegußtiegeln und Gußformen erkennen lassen (s. oben). Die Reste von einigen wenigen Töpferöfen zeigten weiterhin, daß auch Töpfer hier tätig waren. Im Hauswerk wurden aber ebenfalls Tongefäße hergestellt. Es wäre denkbar, daß die verzierten Gefäße und solche von besserer Qualität von Handwerkern, die einfachen Gebrauchsgefäße aber im Hauswerk angefertigt wurden. Die Handwerker standen offenbar im Dienst des Herrenhofes, da sie nicht zugleich ein bäuerliches Anwesen bewirtschafteten.

Der Handel mit dem provinzialrömischen Gebiet am Niederrhein ist auf der Feddersen Wierde bereits zu Beginn der Besiedlung belegbar. So fielen in dem Horizont der Flachsiedlung geschweifte Spätlatènefibeln und Schüsselfibeln auf, die in gallischen Werkstätten hergestellt und durch Händler an den Küsten der Nordsee ver-

Glasperlen und Schlüsselfibel als Importgut aus dem Süden. L. der Fibel 6,5 cm.

handelt wurden. Weiterhin wurde ein Bruchstück eines keltischen Glasarmringes und eine Perle mit gelber Zickzackauflage der Spätlatènezeit gefunden, die als Importgut in das Elbe-Weser-Gebiet gelangt sind. Auch friesische Gefäße, die sog. Streepbandware, wurden aus dem friesischen Küstengebiet der Niederlande eingeführt. Sie wichen von der heimischen Siedlungs- und Grabkeramik ab und konnten daher als Handelsware sicher belegt werden[9]).

Die Keramik- und Metallfunde zeigen also, daß bereits in augusteischer Zeit enge Handelskontakte zu den Bewohnern Frieslands und dem provinzialrömischen Gebiet bestanden.

Im 2. Jh. n. Chr. nahm der Handel zu und erreichte seinen Höhepunkt im 3. Jh. Münzen, Terra-sigillata-Gefäße, Perlen und Glas

Bruchstücke römischer Importkeramik (Terra sigillata). Dm. des Scherbens oben rechts 6,6 cm.

sowie vor allem auch Mahlsteine aus Mayener Basaltlava wurden importiert. Abgesehen von den Mahlsteinen handelte es sich bei den Importwaren zur Hauptsache um Luxusgüter[10]).

Über die Exportgüter, die von der Feddersen Wierde ausgeführt wurden, gibt die Grabung keine Auskunft. Bei der intensiven Viehwirtschaft auf der Feddersen Wierde liegt die Annahme nahe, daß Fleisch, tierische Fette und Rinderhäute ausgeführt wurden. Auch Tuche können verhandelt worden sein.

Für den Nahhandel gibt es nur wenige Anhaltspunkte. Es muß aber ein lebhafter Tauschhandel mit dem benachbarten Binnenland stattgefunden haben. Die Marschbewohner hatten einen starken Bedarf an Holz sowohl für den Hausbau als auch zum Heizen der Herde, da dieses in der Marsch nicht zur Verfügung stand. Auch Holzkohle wurde zum Anheizen und Rohluppe zum Bedienen der Ausheizherde benötigt. Als Tauschprodukt für diese Bedarfsgüter diente wohl vor allem das Vieh, das im Herbst auf den Landwegen zum Binnenland abgetrieben wurde.

Die auffällige Häufung der Importfunde in der Umgebung des Herrenhofes seit dem 2. Jh. n. Chr. läßt vermuten, daß der Handel von seinen Bewohnern ausgeübt wurde. Diese erwarben dadurch einen gewissen Reichtum und hoben sich aus der Allgemeinheit der Bevölkerung heraus.

In dem Siedlungshorizont 1a traten fünf bäuerliche Betriebe mittlerer Größe auf. Die ersten Bewohner der Feddersen Wierde unterschieden sich also nicht wesentlich in ihrem Besitz. Es handelte sich anscheinend um gleichberechtigte Bauern mit gleichem Viehbesitz. Im Siedlungshorizont 1b herrschten etwa die gleichen Verhältnisse vor, im Siedlungshorizont 1c dagegen konnten bereits unterschiedliche Besitzverhältnisse festgestellt werden. Es traten hier mittlere und größere Betriebe auf. Demnach unterschieden sich in diesem Horizont die Bauern in ihrem Besitz und ihrem Viehbestand. Das gleiche gilt für den Siedlungshorizont 1d.

Im Siedlungshorizont 2, dem radial angelegten Dorf, traten erhebliche Unterschiede im Besitz auf. Die bäuerlichen Betriebe auf den Kernwurten waren weiterhin durch Gräben und Zäune voneinander getrennt. Sie und die einzelnen Wirtschaftsverbände schlossen sich gegeneinander ab. Ein Wirtschaftsverband hob sich im Siedlungshorizont 2 besonders heraus. Er lag auf einer langgestreckten, von einem Graben eingefaßten Wurt. Auf dieser standen ein Wirtschaftsbetrieb von 29,00 m Länge und 7,00 m Breite, zwei mittlere Betriebe und ein Handwerkerhaus ohne Speicher. Es ist kaum denkbar, daß sich gleichberechtigte verwandte Familien innerhalb eines Wirtschaftsverbandes so erheblich in ihrem Besitz unterschieden. Man gewinnt vielmehr den Eindruck, daß dieser von einem

Großbauern und seinen Hintersassen gebildet wurden. Die unabhängigen Familien und Verbände wohnten außerhalb dieser Langwurt auf eigens erbauten Kernwurten und in für sich abgegrenzten bäuerlichen Wirtschaftsbetrieben. Demnach gab es im Siedlungshorizont 2 elf bäuerliche Betriebe von unabhängigen, selbständigen Bauernfamilien, zu denen auch die des Großbauernhofes zu rechnen ist. Sie war also die vermögendste unter gleichberechtigten Bauernfamilien, da sie über den größten Viehbestand und die größere Zahl an Hintersassen verfügte.

Zu dem Verband des Großhofes gehörten zwei Wirtschaftsbetriebe, die wahrscheinlich von Hintersassen bewirtschaftet wurden, und die vermutlich auch abgabepflichtig waren. Die Bewohner des Kleinhauses (Handwerkerhaus), das keinen Speicher besaß, wurden offenbar von dem Großhof mit Lebensmitteln versorgt. Im Siedlungshorizont 2 gliederte sich die Bevölkerung demnach in selbständige bäuerliche Familien mit unterschiedlichem Besitz, in Hintersassen und in Handwerker auf.

Im Siedlungshorizont 3 trat der große bäuerliche Betrieb nicht wieder auf. An seiner Stelle wurde ein Wohnhallenhaus errichtet, das sich von dem ihm zugehörigen Wirtschaftsverband und von dem Dorf absonderte. Das Vieh, ohne das die Existenz einer Familie nicht denkbar ist, war offenbar in einem Wirtschaftsbetrieb innerhalb des Verbandes untergebracht. Schon diese Feststellung zeigt, daß die Bewohner des Hallenhauses sich in ihrer Lebensführung von den anderen Bewohnern des Dorfes unterschieden.

Im Siedlungshorizont 4 wird die besondere Stellung der Bewohner des Wohnhallenhauses durch die Abgrenzung desselben und seines Hofplatzes durch Graben und Palisade, durch den Bau einer Versammlungshalle in unmittelbarer Nähe ihres Besitzes sowie durch die Anlage von Werkstätten und nicht zuletzt durch das gehäufte Auftreten von Importwaren im Bereich ihres Wohnsitzes sichtbar. Um dieses Haus konzentrierte sich der Handel und das Handwerk. Die Versammlungshalle läßt vermuten, daß sich hier der Mittelpunkt des gesellschaftlichen Zusammenlebens befand.

In den Siedlungshorizonten 5 und 6 nahm die Bevölkerung an Zahl zu, sonst aber blieben die geschilderten Verhältnisse unverändert bestehen. Nur das Werkstattgebiet wurde von dem Hofplatz des Herrenhofes nach Osten und Nordosten verlegt und nahm an Ausdehnung zu.

Im Siedlungshorizont 7 wurden die bäuerlichen Wirtschaftsbetriebe kleiner, und Wirtschaftsverbände zeichneten sich nicht mehr ab. Im Siedlungshorizont 8 hatten die Bewohner der größeren Wirtschaftsbetriebe die Wurt verlassen oder waren verarmt, wie die in diesem Horizont auftretenden Kleinbetriebe zeigen. Das Handwerk gewann offenbar an Bedeutung, wie die vielen Gruben, die jetzt über die ganze Wurt verbreitet auftreten, ausweisen.

Das erneute Vordringen des Meeres und die damit verbundene Versalzung des Landes hatten den bäuerlichen Betrieben die Grundlage der bisherigen Wirtschaftsform entzogen und die Bewohner schließlich gezwungen, die Wurt im 4. bis 5. Jh. aufzugeben.

Nach den obigen Ausführungen kann gesagt werden, daß die ersten Bewohner der Feddersen Wierde gleichberechtigte Bauern mit annähernd gleichem Besitz waren. Es liegt nahe, anzunehmen, daß sie auch während der Dauer der Besiedlung den Stand der freien Bauern stellten.

Im 2. Jh. zeichneten sich agrarische Wirtschaftsverbände ab, die jeweils von einem freien Bauern und seinen Hintersassen gebildet wurden. Sie entstanden offenbar aus dem Bedarf nach zusätzlichen Hilfskräften zur Bewirtschaftung des anwachsenden Besitzes einiger vermögender Bauern. In diesen Zweckverbänden könnte der Stand der minderfreien und unfreien Bewohner (Hintersassen/Handwerker) faßbar sein.

Die Dorfbewohner der Feddersen Wierde waren demnach vermutlich in folgende Stände gegliedert:

1. um Chr. Geb.:   in freie Bauern mit gleichem Besitz

2. im 1. Jh.:   in freie Bauern mit unterschiedlichem Besitz

3. im 2. Jh.:   in eine Häuptlingsfamilie, in freie Bauern, in Hintersassen und bäuerliche Handwerker

4. im 3./4. Jh.:   die Berufshandwerker und Schiffsbesatzungen kommen hinzu, deren Stellung innerhalb der Dorfgemeinschaft nicht geklärt werden konnte.

Zusammenfassend kann gesagt werden, daß die Grabung auf der Feddersen Wierde durch die Metall- und Keramikfunde einen Einblick in die Kultur der Nordseeküstengermanen in der Zeit von kurz vor Chr. Geb. bis zum 4./5. Jh. n. Chr. vermittelt hat. Durch die Freilegung gut in Holz erhaltener Hausgrundrisse gab sie weiterhin einen Aufschluß über die Haus- und Siedlungsformen. Die Knochenfunde von Haus- und Wildtieren, die Samenfunde von Kultur- und Wildpflanzen sowie die Funde von Werkstattrückständen gewährten einen Einblick in die Wirtschaftsformen jener Zeit. Schließlich konnte anhand der Größenverhältnisse der Wirtschaftsbetriebe und ihrer gegenseitigen Abgrenzungen ein Anhalt über die Sozialstruktur in einem Wurtendorf gewonnen werden.

Anmerkungen:
[1]) P. Schmid, Friesische Funde des 1. Jhs. n. Chr. von der Feddersen Wierde. Jahrb. Männer Morgenstern 45, 1964, 160 ff. – P. Schmid, Die Keramik des 1. bis 3. Jhs. n. Chr. im Küstengebiet der südlichen Nordsee. Probleme d. Küstenforsch. im südl. Nordseegeb. 8 (1964) 9 ff.
[2]) A. E. van Giffen, Der Warf in Ezinge, Prov. Groningen, Holland, und seine westgermanischen Häuser. Germania 20, 1936, 40 ff. – W. Haarnagel, Die Ergebnisse der Grabung auf der ältereisenzeitlichen Siedlung Boomborg/Hatzum, Kreis Leer, in den Jahren von 1965 bis 1967. Neue Ausgr. u. Forsch. in Niedersachsen 4, 1969, 58 ff.
[3]) A. E. van Giffen, Prähistorische Hausformen auf Sandböden in den Niederlanden. Germania 36, 1958, 51 ff. – W. A. van Es, Wijster. A native village beyond the imperial frontier. 150-425 A. D. Palaeohistoria 11 (1967) 49 ff.
[4]) A. Bantelmann, Tofting, eine vorgeschichtliche Warft an der Eidermündung. Offa-Bücher N. F. 12 (1955) 22 ff. u. Taf. 42.

[5] H. Reichstein, Haustierknochenfunde der Feddersen Wierde. Probleme d. Küstenforsch. im südl. Nordseegeb. 10, 1973, 95 ff.

[6] U. Körber-Grohne, Geobotanische Untersuchungen auf der Feddersen Wierde. Feddersen Wierde. 1 (1967) 37 ff.

[7] W. Haarnagel, Vor- und Frühgeschichte des Landes Wursten, in: E. von Lehe, Geschichte des Landes Wursten (1973) 19 ff.

[8] R. Ullemeyer – K. Tidow, Die Textilien und Lederfunde der Grabung Feddersen Wierde. Probleme d. Küstenforsch. im südl. Nordseegeb. 10 (1972) 69 ff.

[9] P. Schmid, Der spätlatènezeitliche Glasschmuck von der Feddersen Wierde und seine Bedeutung für die Handelsbeziehungen der ältesten Wurtenbewohner. Jahrb. Männer Morgenstern 42, 1961, 103 ff.

[10] E. H. Werther, Die Münzfunde zwischen Elbe und Wesermündung. Hamburger Beitr. z. Numismatik 3, H. 9/10, 1955/56, 84 ff. – Haarnagel a.a.O. (s. Anm. 7).

W. Haarnagel

Die Exkursionsroute berührt *Kransberg* und *Altenwalde*. Zur historischen Topographie dieser Orte vgl. den Artikel von K. Weidemann in Band 30.

Die Silberschale des 4. Jhs. n. Chr. aus Altenwalde

Im Mai 1944 fanden deutsche Soldaten bei Schanzarbeiten auf der Altenwalder Höhe Reste einer spätantiken Silberschale, die man leider erst etwas später als antikes Objekt erkannte. Die Schale lag im Bereich des äußeren Grabenrandes im Südwesten der frühmittelalterlichen Burganlage, ohne erkennbaren Zusammenhang mit einem Grabe; doch ist es mehr als wahrscheinlich, daß sie vorher Grabbeigabe in einem teilweise unter der Burg von Altenwalde liegenden germanischen Gräberfeld gewesen ist, und daß sie nach Auflassung des Friedhofs beim Bau der karolingischen Befestigung an ihren Platz gelangte.

Sie hat doppelt gelitten. Einmal haben die Finder 1944 in Unkenntnis des Wertes der Schale die Unterseite poliert und in der Mitte ein

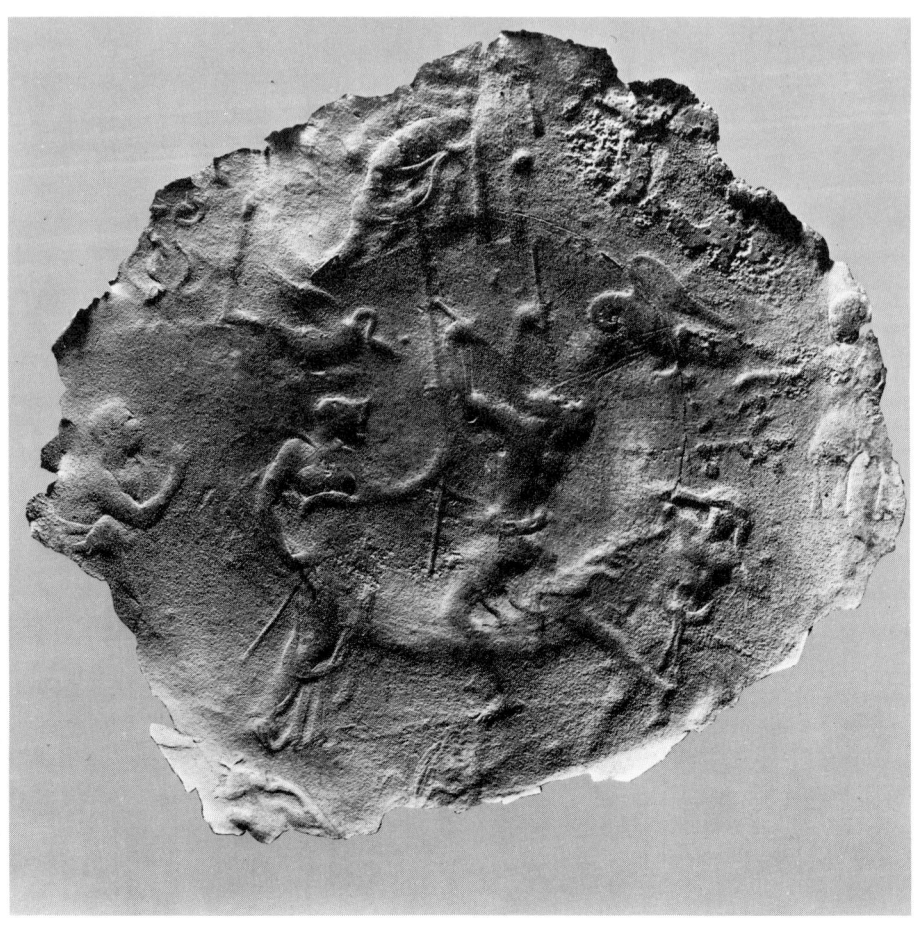

Die Silberschale von Altenwalde. Landesmus. Hannover. Dm. 36 cm.

5 mm großes Loch gebohrt, um das Metallstück an die Wand zu heften. Die Schale hatte aber bereits im Altertum unter Feuereinwirkung gestanden; die Frage, ob sie in einem Brand- oder Körpergrab der Altenwalder Nekropole gelegen hatte, bleibt aber weiterhin offen. Man kann vielmehr an der Partie oberhalb des Adlers Iuppiters

sehen, daß dort Metallteile angebacken sind, die man nicht sehr sorgfältig abzuschleifen versucht hat. Zumindest einmal also ist die Schale bereits im Altertum beschädigt worden, bevor sie in ein Grab wanderte, ein Vorgang, der sicher weitgehend auch für den schlechten Zustand der Reliefs verantwortlich zu machen ist.

Es handelt sich um eine flache, grifflose, leicht gewölbte Schale (Lanx) mit Standring. Stempel oder Graffiti kann man nicht mehr feststellen. Die Ranke auf der Unterseite ist leider durch die moderne Behandlung fast ganz abgerieben worden.

Glücklicherweise hat man wenigstens auf der Reliefseite nichts verändert; wir sind deshalb in der Lage, trotz der beträchtlichen antiken Feuerschäden noch Komposition und – mit Vorbehalt – Stil des Werkes zu beurteilen.

Mittelpunkt der Komposition ist Marsyas, der die Doppelflöte bläst. Ein flatterndes, ganz leicht gepunktetes Raubtierfell hat er um die Hüfte gebunden. Die Haltung des phrygischen Silens ist ähnlich exaltiert wie diejenige seines Gefährten und Schülers Olympus schräg hinter ihm, der sich entsetzt an den Kopf faßt, weil er voraussieht, wie schlimm Marsyas durch seine musikalische Herausforderung des Gottes mit der Leier, Apollo, enden wird. Auch Olympus trägt ein ähnliches Raubtierfell wie Marsyas. Vor Marsyas steht auf einer ganz feinen Standlinie Minerva mit zwei Flöten, auf diese Weise andeutend, woher der Silen sein Instrument hat: sie selbst hatte die Flöte erfunden, erprobt und verschmäht, worauf der phrygische Silen Marsyas sie aufnahm und damit Apollo herausforderte. Der Künstler der Schale von Altenwalde hat diesen kurzen Moment des Wettkampfes herausgegriffen und Marsyas noch die Hauptrolle spielen lassen. Den Ausgang hat er nur durch die Gestik des Olympus angedeutet: Marsyas verlor den Streit, der Gott ließ ihn an einer Pinie aufhängen und von einem Sklaven häuten.

Der Schwan Apollos und der Adler Iuppiters rahmen die orgiastisch hochgereckte Doppelflöte ein. Sie sind die Vorboten der Götter im Oberteil der Komposition, des sitzenden Iuppiters im Zentrum und des vor dem Dreifuß stehenden nackten Apollos links oben. Eine

Die Silberschale von Altenwalde in Schrägansicht.

weitere Göttin ist in der Frau in kurzem Gewand am rechten Rand zu erkennen, die am ehesten als Diana zu interpretieren ist, während der bärtige Mann am linken Bildrand schwer zu deuten ist; wegen des Mantels ist es kaum ein weiterer Silen. Schließlich sieht man unten neben der Andeutung von Schilf den Rest von der Darstellung einer lagernden Frau: die Erde, Tellus.

Die Schale steht in der Tradition von Zentralkompositionen, die allerdings in der Silbertoreutik nicht häufig auftreten. In der Regel wählt man für Rundbilder das Prinzip des Raumausschnittes bei ebenerdigem Blickpunkt des Betrachters. Nur manchmal – wie auch hier – begegnet uns die Zentralkomposition, für die ein Blickpunkt schräg von oben und außerdem unpräzise räumliche Charakterisierung kennzeichnend sind. Zentralkompositionen dieser Art sind zwar selten, sie begegnen uns dafür über lange Jahrhunderte hinweg, vom spätrepublikanischen Silberteller aus Aquileia (Alle-

76

gorie auf Antonius und Kleopatra) über Beispiele der mittleren Kaiserzeit des 2. Jhs. n. Chr. wie der Marsyasplatte von Biserta oder dem Heilbädersouvenir von Castro Urdiales bis hin zur spätantiken Schale von Parabiago aus dem 4. Jh. n. Chr.

Die Kybeleschale von Parabiago konnte durch Vergleich mit datierten Silberarbeiten (etwa dem Theodosiusmissorium von 388) in die zweite Hälfte des 4. Jhs. datiert werden, wobei der etwas gröbere Figurenstil etwa auf der Achilleusplatte des Schatzes von Kaiseraugst aus der Mitte des 4. Jhs. diesen Zeitansatz noch bekräftigt. Trotz der Beschädigungen erlauben die Minerva oder auch die Tellus der Schale von Altenwalde, Parallelen mit der Schale von Parabiago und auch mit dem Theodosiusmissorium festzustellen: es ist die im späten 4. Jh. allenthalben spürbare Vorliebe für elegante Konturen und fein abgestufte Reliefhöhen. Auch die in dieser klassizistischen Periode bemerkbare Neigung zu eingepunzten Ornamenten und feinen Dekorationen finden wir an den Fellen des Marsyas und Olympus wieder.

Merkwürdig viele Punkte verbinden die Schalen von Altenwalde und von Parabiago: etwa gleiche Entstehungszeit, Figurenstil, kleinasiatische Themen (Kybele und Attis auf Parabiago), heidnisch-religiöse Thematik, Zentralkomposition. Angesichts des Erhaltungszustandes, des Fehlens von Stempeln und Inschriften verbieten sich allerdings weitere Folgerungen.

Runde, reliefverzierte oder sonstige dekorierte Teller oder Schalen (Lances) wurden seit der mittleren Kaiserzeit des 2. Jhs. n. Chr. zunehmend populär (die Lances der späten Republik und frühen Kaiserzeit sahen meist etwas anders aus) und bilden geradezu eine der Leitformen spätantiken Silbers.

Über die ikonographischen Quellen kann man wenig sagen. Daß zumindest die Hauptfigur des Marsyas keine Erfindung des spätantiken Toreuten ist, ergibt sich aus einer entsprechenden Marsyasfigur auf einer Relieffeldflasche des 3. Jhs. n. Chr. in St.-Germain-en-Laye (,,Vase Sallier", eine der sog. Rhônetalvasen). Doch dürfte dem Toreuten kaum eine komplette Komposition seiner Wahl, etwa nach Malerei- oder Mosaikvorbild, zur Verfügung gestanden haben. Dieses Problem ist auch weniger wichtig als unser allgemeines Urteil über den Fund von Altenwalde, in dem wir ein Spitzenwerk spätantiker Silberkunst besitzen; dies macht seine schlimme Zerstörung nur noch schmerzlicher.

Die Silberschale befindet sich in Hannover, Niedersächs. Landesmuseum, Urgesch.-Abteilung, Inv. 592:48. – FO: Altenwalde, Kr. Land Hadeln, 1944. – Erhalten Mittelstück und zwei Randstücke; Dm. des Mittelstücks 36 cm, L. der Randstücke 27,5 und 39 cm. – Originaldurchmesser der runden grifflosen Schale ca. 49 cm. – Gewicht des Mittelstücks 1350 g.

Literatur:
Altenwalde: K. Waller, Die Silberschale von Altenwalde. Jahrb. Männer Morgenstern 31, 1948, 58 ff. – „Werdendes Abendland an Rhein und Ruhr". Kat. Essen 1956, 49 Nr. 41. – K. Schauenburg, Marsyas. Röm. Mitt. 65, 1958, 55. – „Römer am Rhein". Kat. Köln 1967, C 138. Taf. 84.
Spätantikes Silber: T. Dohrn, Spätantikes Silber aus Britannien. Mitt. Dt. Arch. Inst. 2, 1949, 67 ff. – D. E. Strong, Greek and Roman Gold and Silver Plate (1966) 182 ff.
Marsyas allgemein: Schauenburg a.a.O. 42 ff.
Aquileia: H. Möbius, Der Silberteller von Aquileja, in: Festschrift F. Matz (1962) 80 ff. – H. Möbius, Nochmals zum Silberteller von Aquileia. Arch. Anzeiger 1965, 867 ff. – Strong a.a.O. 150 Taf. 44A. – H. Kyrieleis, Ein Bildnis des Marcus Antonius. Arch. Anzeiger 1976, 88f.
Biserta: P. Gauckler, La Patère de Bizerte. Monuments Piot. 2, 1895, 77 ff. – Strong a.a.O. 149. – Th. Kraus, Das römische Weltreich (1967) 277 Abb. 370 a.
Castro Urdiales: M. Rostovtzeff, Gesellschaft und Wirtschaft im römischen Kaiserreich (1929) Taf. 28,2. – A. García y Bellido, Esculturas romanas de España y Portugal (1949) Nr. 493 Taf. 345. – Strong a.a.O. 150.
Parabiago: A. Levi, La patera d'argento di Parabiago (1935). – A. Levi Spinazzola, La patera argentea di Parabiago. Critica d'Arte 2, 1937, 218 ff. – A. Rumpf, Stilphasen der spätantiken Kunst (1957) 20 f. Taf. 16, 74. – Strong a.a.O. 131. 198.
Theodosiusmissorium: Rumpf a.a.O. 20 ff. Taf. 16, 73. – Strong a.a.O. 200 Taf. 64.
Kaiseraugst: R. Laur-Belart, Der spätrömische Silberschatz von Kaiseraugst/Aargau (1963).

Feldflasche St.-Germain-en-Laye: J. Déchelette, Les vases céramiques ornés de la Gaule romaine II (1904) 243 f. 307 f. Taf. IV. – F. Fremersdorf, Eine Feldflasche aus südgallischer Sigillata. Mainzer Zeitschr. 46/47, 1951/1952, 13 ff., hier 16 f. Abb. 12 u. 13.

E. Künzl

Die Exkursionsroute berührt *Sahlenburg*. Zur historischen Topographie vgl. den Artikel von K. Weidemann in Band 30.

Der Galgenberg bei Cuxhaven-Sahlenburg

Westlich von Cuxhaven, in der einstigen Gemarkung von Sahlenburg, erhebt sich aus den leicht gewellten Heideflächen der nördlichen „Hohen Lieth" der weithin sichtbare Galgenberg, der seinen Namen von einer mittelalterlichen Gerichtsstätte erhalten hat.

Mehrere unsystematische Grabungen seit der Mitte des vorigen Jahrhunderts hatten sich zur Aufgabe gemacht, die ursprüngliche Funktion des sagenumwobenen Hügels aufzuklären. Allerdings blieb die Dokumentation der Ergebnisse unvollständig. Immerhin gelang der Nachweis, daß der Hügelkern aus mehreren Grabhügeln der älteren Bronzezeit bestand.

Als älteste Anlage gilt heute eine bronzezeitliche Steinkiste von 8 Fuß Länge und 4,5 Fuß Breite, zu der ein gedeckter Gang führte. Die einst sicher vorhandenen Grabbeigaben konnten leider nicht geborgen werden. Zu einem späteren Zeitpunkt wurde nordöstlich davon eine Baumsargbestattung, die von Rollsteinen abgedeckt war, angelegt. Die Beigaben, ein Schwert, eine Axt und ein gedrehter Halsring aus Bronze sowie kleine Spiralen aus Gold, deuten auf eine Doppelbestattung von Mann und Frau und lassen sich in die Periode II nach Montelius datieren. Ein Schwert mit rhombischem Knauf der Periode III weist auf ein zerstörtes Grab einer späteren Zeit hin. Drei konzentrische Steinkränze, in verschiedenen Höhen im Hügel angetroffen, umziehen die bronzezeitliche Grabanlage

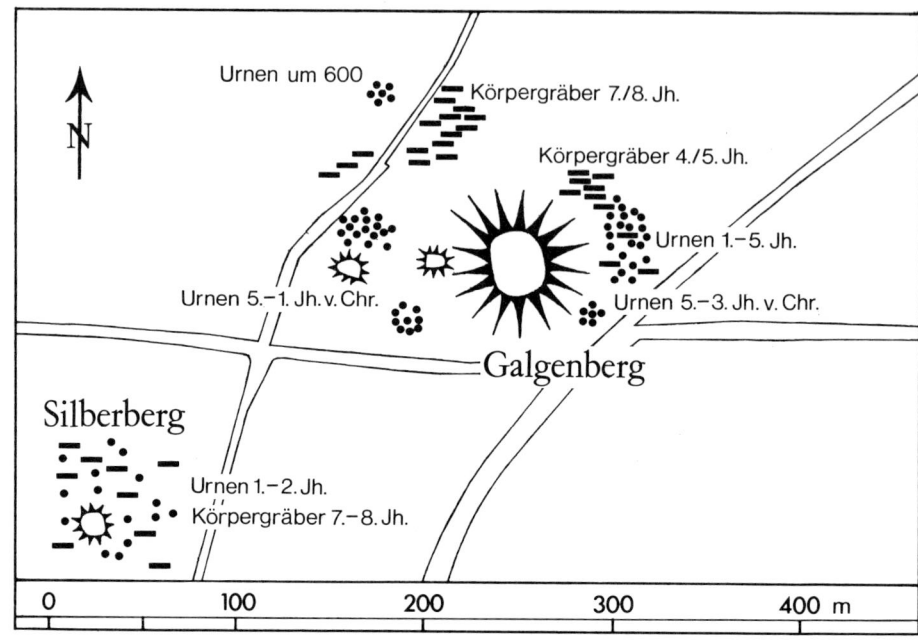

Übersichtsplan der Gräberfelder in der näheren Umgebung des Galgenberges bei Cuxhaven-Sahlenburg (nach K. Waller).

aus der Mitte des 2. Jahrtausends v. Chr. Der aus Sand und Plaggen aufgeworfene Hügel muß zu dieser Zeit einen Durchmesser von etwas mehr als 30 m und eine Höhe von etwa 5 m gehabt haben.

Für mehrere Jahrhunderte scheint der Galgenberg nicht mehr als Bestattungsplatz gedient zu haben. Es fanden sich erst wieder einige Urnengräber der vorrömischen Eisenzeit (5. bis 1. Jh. v. Chr.), die im westlichen Vorfeld des Hügels angetroffen wurden. Aus der älteren römischen Kaiserzeit (1. bis 2. Jh. n. Chr.) stammen mehrere Urnengräber und Brandgruben, die am Ostfuß des Galgenberges und am Silberberg – 150 m in südwestlicher Richtung – ausgegraben werden konnten. Ein direkter Zusammenhang mit den älteren

80

Grabanlagen konnte, da eine Flächenuntersuchung des gesamten Geländes unterblieb, bisher nicht nachgewiesen werden. Wahrscheinlicher ist dagegen die kontinuierliche Weiterbenutzung des genannten älterkaiserzeitlichen Urnenfriedhofes am Ostabhang des Galgenberges während der folgenden Jahrhunderte, denn es fanden sich in regellosem Durcheinander mit Urnen des 1. bis 2. Jhs. auch solche des 3. bis 5. Jhs. Durch Schleyer (1895), K. Waller (1930–37) und schon bei älteren Schürfungen konnten mehr als 110 Urnen der jüngeren Kaiserzeit geborgen werden, die mit Recht als Hinterlassenschaften der Altsachsen gelten. Von besonderem Interesse bei den Wallerschen Grabungen war die Freilegung von 34 SN ausgerichteten Körpergräbern (nur ein Grab war WO orientiert), die in das späte 4. Jh. und in die erste Hälfte des 5. Jhs. datiert werden können und damit dem gleichen Zeitabschnitt angehören wie ein Teil der Urnengräber.

Mit diesen Untersuchungen war erstmals im altsächsischen Gebiet der Nachweis gelungen, daß – zumindest gelegentlich – während des 4./5. Jhs. auf demselben Friedhofsareal Körper- und Brandbestattung gleichzeitig geübt wurde (sog. „gemischtbelegte Friedhöfe"), eine Erscheinung, die inzwischen mehrfach bestätigt werden konnte.

Im Gegensatz zu den Urnen mit ihren fast völlig verbrannten Beigaben erlaubten die Körpergräber einen besseren Einblick in die Bestattungssitten der festländischen Sachsen am Vorabend ihrer Abwanderung nach England. Ein Teil der Männer war mit Waffen (Schwert bzw. Lanze und Axt) ausgestattet; die Frauen trugen verschiedenartige Gewandspangen (Fibeln), Perlenketten und Ringe.

Besondere Aufmerksamkeit verdient eine in spätrömischen Werkstätten hergestellte Kerbschnittgarnitur des späten 4. Jhs. aus Bronze, die aus großflächigen Beschlägen für einen 7 cm breiten Ledergürtel bestand (s. Abb. in Band 29, S. 194). Das ungewöhnliche Stück ist ein Zeugnis für sächsische Söldner in römischem Militärdienst, die anschließend in ihre Heimat zurückkehrten. Auf dem

Beigaben einer Frauenbestattung der Zeit um 400 aus dem Körpergrab 19 vom Galgenberg bei Sahlenburg. Mus. Cuxhaven.

gleichen Wege mag auch die in der Nähe gefundene Silberschale von Altenwalde (s. S. 73 ff.) in das Land zwischen Elbe- und Wesermündung gelangt sein.

Das Belegungsende dieses am Ost- und Nordostabhang des Galgenberges aufgedeckten Friedhofes im mittleren 5. Jh. dürfte mit der Abwanderung großer Teile der Küstenbewohner nach England in Verbindung stehen. Erst in der Zeit um 600 können am Galgenberg wieder Spuren einer erneuten Besiedlung nachgewiesen werden. Einige Urnengräber knapp 100 m nordwestlich des einstigen bronzezeitlichen Grabhügels belegen die Niederlassung friesischer Neuankömmlinge (s. Band 29, S. 227 ff.). Ob die Benutzung des

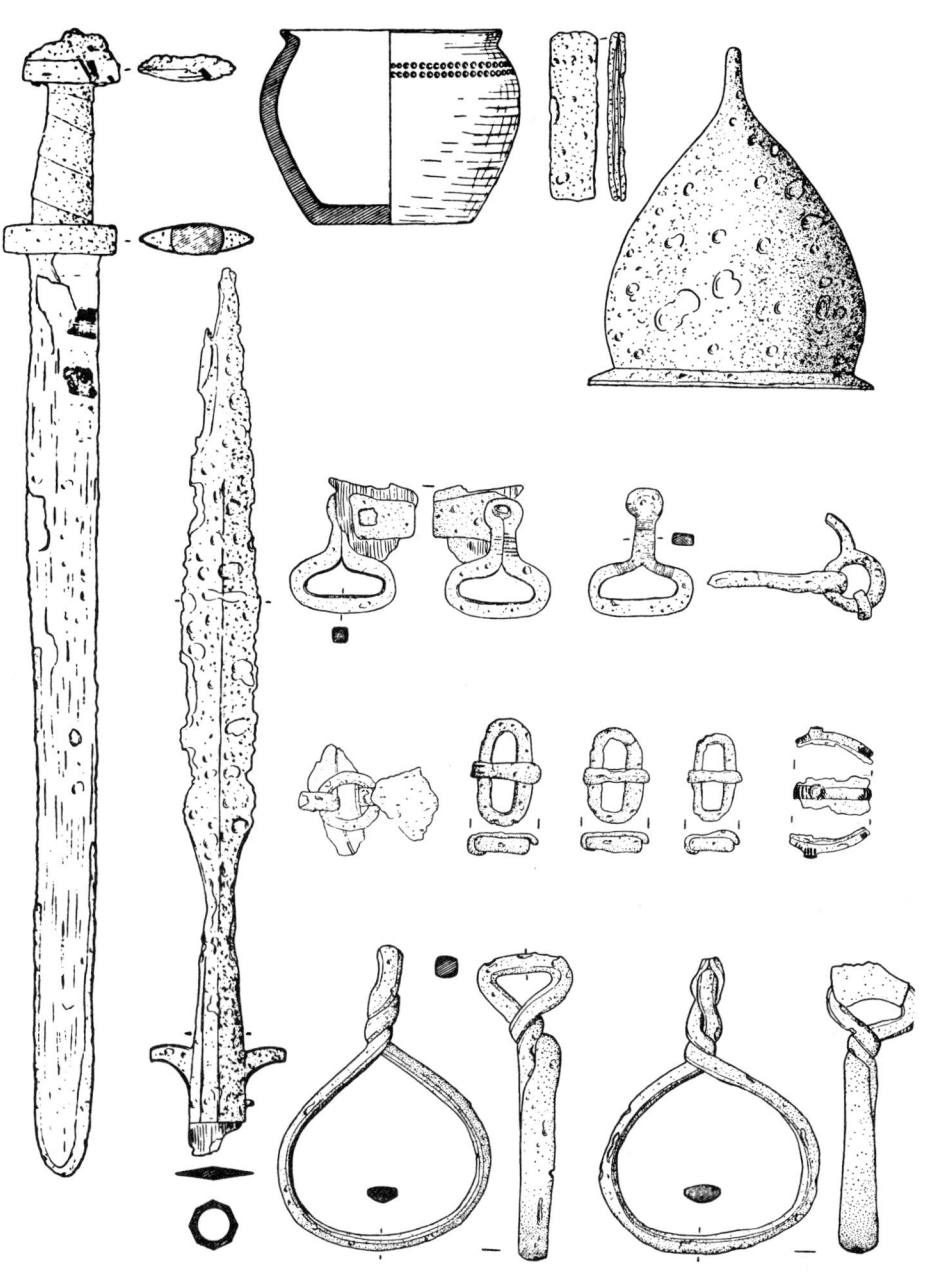

Beigaben einer Männerbestattung der Zeit um 700 aus Körpergrab VI vom Galgenberg bei Sahlenburg. Mus. Cuxhaven. Schwert M = 1:6, sonst M = 1:4
(nach G. Jacob-Friesen).

Gräberfeldes in das 7. und 8. Jh. fortbesteht, läßt sich beim heutigen Forschungsstand nicht sagen. Jedoch ist mit dieser Möglichkeit zu rechnen, denn es wurden nur wenige Meter östlich von diesem Platz 37 SN bzw. WO gerichtete Körpergräber freigelegt, deren meist spärliche Beigaben eine Datierung ins späte 7. und ins 8. Jh. erlauben. Ungewöhnlich reich ausgestattet ist nur das Kriegergrab VI mit Spatha, Flügellanze, Schildbuckel, Steigbügelpaar und Pferdezaumzeug.

Eine zeitgleiche Gräbergruppe (12 Körpergräber) fand sich 200 m südwestlich am oben genannten Silberberg. Auf beiden Bestattungsplätzen legte man neben den Grablegen der Frauen und Männer auch zwei bzw. drei Pferdegräber frei, die in diesem Gebiet – zumal sie SN-Gräbern zuzuordnen sind – fraglos mit heidnischem Totenbrauchtum in Verbindung stehen. Mit den wohl schon christlichen WO orientierten Körpergräbern des 8. Jhs. fanden die sich über Jahrtausende erstreckenden Bestattungen im und am Galgenberg ein Ende.

Erst einige Jahrhunderte später erhielt der eindrucksvoll in der Landschaft liegende Galgenberg eine neue Bestimmung. Mit Hilfe gewaltiger Sandmassen wurde der bronzezeitliche Grabhügel beträchtlich erhöht, mit einem tiefen Graben umgeben und befestigt. Für geraume Zeit diente nun der Galgenberg während des 11./12. Jhs. als stark bewehrte Turmhügelburg oder Motte, die erst im späten 13. Jh. durch die Burg in Ritzebüttel abgelöst wurde (vgl. auch den Artikel von K. Weidemann in Band 30).

Literatur:

K. Waller, Der Galgenberg bei Cuxhaven. Hamburger Schr. z. Vorgesch. u. German. Frühgesch. 1 (1938). – F. Stein, Adelsgräber des achten Jahrhunderts in Deutschland. Germanische Denkmäler der Völkerwanderungszeit Ser. A, 9 (1967) 194 u. 356ff. – H. W. Böhme, Germanische Grabfunde des 4. bis 5. Jahrhunderts zwischen unterer Elbe und Loire. Münchner Beitr. z. Vor- u. Frühgesch. 19 (1974) 248ff.

H. W. Böhme

Cuxhaven

Geschichte der Stadt

Seit der älteren Steinzeit finden sich im nördlichen Elbe-Weser-Dreieck auf dem Geestrücken „Hohe Lieth", der sich von Bremerhaven nördlich bis Cuxhaven hinzieht, vorgeschichtliche Siedlungsspuren. Vor etwa 200 Jahren begann man, auch den neu entstandenen Marschboden zu besiedeln. So lassen sich hier in diesem Gebiet Spuren einer kontinuierlichen Besiedlung bis in die heutigen Tage nachweisen.

Die Anfänge Cuxhavens reichen bis in das 13. Jh. zurück, in eine Zeit also, in der der Neuwerker Turm wie auch der Ritzebüttler Wehrturm – einst die „Steenborgh" genannt – errichtet wurden. Von der Steenborgh aus, die zum ersten Mal 1342 Erwähnung findet, herrschten die Ritter von der Lappe über die Grundherrschaften Sahlenburg, Duhnen, Stickenbüttel, Steinmarne und Groden. Mit der Übernahme der Steenborgh, dem heutigen Schloß Ritzebüttel, durch die Hansestadt Hamburg beginnt eine nahezu geordnete Entwicklung des Amtes Ritzebüttel, zu dem nun die späteren Gemeinden Ritzebüttel, Cuxhaven, Döse, Duhnen, Groden, Stikkenbüttel, Wester- und Süderwisch, Berensch, Arensch, Gudendorf, Oxstedt, Holte-Spangen, Sahlenburg, Neuwerk und Scharhörn gehören.

Nach dem Bau der ersten Deiche entstanden jene ersten Deichreihensiedlungen, die noch heute im Stadtbild zu erkennen sind. 1577 werden zum ersten Mal der Name „Koogshaven" und andere ähnliche Namen für diese Ansiedlung erwähnt. Nachdem während der nächsten Jahrhunderte verschiedene Besetzungen über Cuxhaven hinweggingen, wird 1816 das Seebad Cuxhaven gegründet; 1818 entstehen die ersten Pläne zum Ausbau eines Hafens, der bislang praktisch nur aus der Mündung des Schleusenpriels bestand. In den nächsten Jahrzehnten schließen sich die einzelnen Gemeinden, wie Döse, Ritzebüttel und Cuxhaven zusammen, so daß 1907 die Stadtgemeinde Cuxhaven entsteht.

Mit der Verlegung der kaiserlichen Marine nach Cuxhaven beginnt der weitere Hafenausbau: eine Anlegestelle für Überseeschiffe wird geschaffen, ebenso der Amerikahafen. 1935 erfolgen weitere Eingemeindungen (Groden, Stickenbüttel, Duhnen, Sahlenburg, Neuwerk und Süder- u. Westerwisch). Das Zusammenwachsen einer Vielzahl von kleinen Gemeinden zur Stadt Cuxhaven ist damit zunächst abgeschlossen; noch heute bestimmt dieses Zusammengewachsen-Sein das städtische Leben in Cuxhaven. Nach etwa 500 Jahren politischer Zugehörigkeit zu Hamburg wird Cuxhaven 1935 preußisch, um dann nach dem Kriege zu Niedersachsen zu kommen. Nach dem Kriege geht der Ausbau Cuxhavens zügig voran; zwei Wirtschaftszweige werden dabei verständlicherweise führend. Vorrang hat vor allem der Ausbau des Hafens: neue Anlagen im Fischereihafen entstehen; 1966 wird die Schleuse zum Fischereihafen eingeweiht, die den Hafen tideunabhängig macht; 1969 wird der Fährhafen für Fähren nach Schleswig-Holstein, Norwegen und England fertiggestellt; im weiteren tauscht die Stadt Cuxhaven Hafengebiete, die noch im Besitz Hamburgs waren, gegen Neuwerk-Scharhörn ein, um einen weiteren, großzügigen Hafenausbau und verstärkte Industrieansiedlungen zu ermöglichen. Gleichzeitig mit dem Ausbau des Hafens werden eine Vielzahl von Anlagen und Einrichtungen erweitert und neugebaut, die dem zweiten großen Wirtschaftszweig der Stadt dienen sollen: dem Fremdenverkehr, der räumlich scharf von den Industriegebieten getrennt ist. Durch weitere Eingemeindungen in den Jahren 1969 bis 1972 (Holte-Spangen, Arensch, Berensch, Altenwalde mit Gudendorf und Franzenburg, Altenbruch und Lüdingworth) gewann Cuxhaven eine Reihe von hauptsächlich ländlichen Gebieten, die den Wohn- und Freizeitwert für die Bewohner wie auch für die Besucher erheblich erhöhen dürften. Mit dem Bau der Bundesautobahn nach Cuxhaven und der Bereitstellung von über 1000 ha durch die Industrie zu besiedelndes Gelände am seeschifftiefen Fahrwasser hofft die Stadt, die Infrastruktur dieses Raumes in den kommenden Jahren erheblich zu verbessern. Die Stadt Cuxhaven umfaßt jetzt bei einer

Einwohnerzahl von etwa 64 000 eine Fläche von 177,85 Quadratkilometern.

Das Stadtmuseum

Das Cuxhavener Museum hat in seiner kurzen, wechselvollen Geschichte eine durch ständige Umorganisation und Umzüge geprägte Enwicklung durchgemacht. Obwohl bereits 1913 der erste Aufruf zur Gründung eines Museums erfolgte, wurde aber erst 1926 in der Stadtvertretung die Gründung eines „Heimatmuseums und Meerwasseraquariums" beschlossen. Im Jahre 1935 stellte dann die Stadt Cuxhaven dem Museum ein eigenes Gebäude zur Verfügung; 1939 übernahm die Stadt die Verwaltung und die Unterhaltung des Museums, die bislang in den Händen des örtlichen Heimatvereins lag. Im Verlaufe des zweiten Weltkrieges gingen zahlreiche Museumsbestände verloren, andere wurden durch häufiges Ein- und Umlagern stark dezimiert. Erst 1949 konnte im Schloß Ritzebüttel das „Heimatmuseum" und 1951 in den Räumen einer Schule das „Vorgeschichtsmuseum" neu eröffnet werden. Blieb das Heimatmuseum ungestört im Schloß Ritzebüttel, so mußte das – inzwischen zum „Karl Waller Museum für Vor- und Frühgeschichte" umbenannte – Vorgeschichtsmuseum noch zweimal umziehen, und das mit den gesamten Magazinbeständen, bis es nun in dem ältesten Geschäftshaus Cuxhavens gegenüber dem Schloß Ritzebüttel seinen endgültigen Standort gefunden hat. Als die Möglichkeit bestand, dieses um 1780 erbaute Bürger- und Geschäftshaus zu kaufen, griff die Stadt Cuxhaven sofort mit Unterstützung der Stadtsparkasse zu. Damit war zugleich für die Stadt Cuxhaven eine neue und hoffentlich endgültige Museumskonzeption beschlossen. Mit der Einweihung des gänzlich renovierten Hauses besteht in Cuxhaven jetzt nur noch das „Stadtmuseum". Seine drei Abteilungen (Vor- und Frühgeschichte, Hafen- und Schiffahrtsgeschichte Cuxhavens, Bürgerkultur) sind im sogenannten „Reyeschen Haus" und im

Schloß Ritzebüttel untergebracht. Das Reyesche Haus ist ein typisches Geschäfts- und Wohnhaus im Stil des norddeutschen Klassizismus. Als eingeschossiges Fachwerkhaus war es 150 Jahre lang das führende Geschäftshaus des Amtes Ritzebüttel und seiner Umgebung. Die großen Bodenräume und starken Hebevorrichtungen weisen daraufhin, daß in diesem Haus von der Kaufmannsfamilie Reye große Lagerbestände unterhalten wurden. Als Baudenkmal hat es in der Reihe ,,Kunstdenkmäler des Landes Niedersachsen" Erwähnung gefunden.

Heute befindet sich auf dem ausgebauten Boden das Magazin aller vor- und frühgeschichtlichen Funde des ehemaligen ,,Karl Waller Museums" und aller Funde aus dem Kreis Land Hadeln und dem Stadtgebiet Cuxhaven.

Im ersten Stock – Abteilung Vor- und Frühgeschichte – sind alle bekannten Funde des einstigen ,,Karl Waller Museums" ausgestellt, ergänzt und vervollständigt durch neue Funde, z. B. von dem Urnenfriedhof Gudendorf. Das Auffallendste der ausgestellten Gegenstände ist ihre zeitliche Verteilung: nahezu aus allen Zeitepochen – von der Hamburger Stufe bis in spätsächsische Zeit – sind Fundstücke im Museum vertreten als Zeugnisse einer kontinuierlichen vorgeschichtlichen Besiedlung des nördlichen Elbe-Weser-Dreiecks. Besondere Erwähnung verdienen die Funde aus den Gräberfeldern vom Galgenberg bei Cuxhaven. Hier im ersten Stock finden auch die Sonderausstellungen statt, so 1976 die umfangreiche Dokumentation der Siedlungsgrabung Flögeln.

Im Erdgeschoß, das durch die große Diele seinen räumlichen Charakter erhält, befinden sich zunächst in der Halle bäuerliche Möbelstücke aus der näheren Umgebung Cuxhavens, in den weiter rechts liegenden Räumen die Abteilung Hafen- und Schiffahrtsgeschichte, in der einmal die Zeugnisse des Cuxhavener Hafenwesens ausgestellt werden sollen. Der Anfang dazu ist mit einer Reihe von Modellen bereits gemacht.

Dem Reyeschen Haus gegenüberliegend sind im Saal und in anderen Räumen des Ritzebüttler Schlosses die Zeugnisse bürgerlichen

Lebens aus den verschiedenen Zeiten zu betrachten. Im vollkommen neu gestalteten Schloßsaal ist das Militärwesen des Amtes Ritzebüttel dokumentiert. Alte Urkunden aus der Geschichte der Stadt und ein fast vollständiges Biedermeierzimmer bilden weitere Höhepunkte der Ausstellung. Vielleicht wird es auch eines Tages möglich sein, das gesamte Schloß in die Museumsgestaltung einzubeziehen.

F. Güntzler

Otterndorf

Geschichte

Otterndorf wurde zwar erst 1261 urkundlich erwähnt (,,Otterentorpe"), war aber schon vor dem 12. Jh. sächsischer Kirchort, der aus einer kleinen Bauern- und Fischersiedlung hervorging. Die ursprüngliche Wurtsiedlung, wenige Meter über dem Meeresspiegel und am rechten Ufer der Medem unmittelbar vor deren Mündung in das Elb-Ästuar gelegen, ist wohl spätestens in das 10./11. Jh. zu datieren und hatte möglicherweise auch Wik-Charakter.

Durch die Kirchgründung wurde Otterndorf zum Mittelpunkt eines großen Marsch-Kirchspiels. Nach der Eindeichung Hadelns im 12. Jh. wurde es zum ,,Flecken", der aufgrund seiner vorteilhaften geographische Lage den Großteil des Hadeler Außenhandels abwickelte. Die Einführung einer Ratsverfassung und die Erbauung des herzoglich-sachsen-lauenburgischen Schlosses im 14. Jh. sowie die Verleihung des Stader Stadtrechts im Jahre 1400 durch den Landesherrn kennzeichneten die zunehmende rechtliche und wirtschaftliche Sonderstellung Otterndorfs.

Noch heute ist die ovale mittelalterliche Wurtsiedlung von nur wenigen hundert Metern Durchmesser im Stadtgrundriß und Stadtbild deutlich erkennbar. Das Bevölkerungswachstum machte am Aus-

gang des Mittelalters eine Stadterweiterung notwendig, die in südöstlicher Richtung vorgenommen wurde und den alten, unregelmäßigen, durch mehrere Feuersbrünste beeinträchtigten Siedlungskomplex durch eine annähernd gleichgroße regelmäßige Marktstra-
ßensiedlung ergänzte. An der Nahtstelle beider Zonen entstand
1583 auf herzogliches Gebot das Rathaus. Statt der schwachen mittelalterlichen Befestigung durch Graben und Schlagbaum gab es
nun im 16./17. Jh. bescheidene Wall-, Graben- und Toranlagen, die
Alt- und Neustadt lediglich gegen kleinere Angriffe sichern konnten.
Abseitige geopolitische Lage und geschickte Politik bewahrten Otterndorf und das Land Hadeln bis in die Gegenwart vor größeren
Kriegszerstörungen. Das 18. Jh. bescherte hier Stadt und Land eine
wirtschaftliche Blüte, die auch dem Stadtbild und dem kulturellen
Leben zugute kam. So konnte Johann Heinrich Voß von 1778 bis
1782 als Rektor der Otterndorfer Lateinschule gewonnen werden.
Markantestes Baudenkmal aus dieser Zeit ist das Otterndorfer Kranichhaus, das heute Museum und Archiv des Kreises Land Hadeln
beherbergt. Bis in die Gegenwart ist das z. Z. etwas mehr als 6000
Einwohner zählende Otterndorf die einzige Stadt des Landes Hadeln und dessen Verwaltungszentrum geblieben. Sie lebt weitgehend von Dienstleistungsbereich, Handwerk und Fremdenverkehr.
Industrie ist nur in schwachen Ansätzen vorhanden.
Auf folgende sehenswerte historische Bauten und Anlagen sei besonders hingewiesen: St. Severi-Kirche (14.-19. Jh., Backsteinkir-
che mit Westturm, reiche Ausstattung des 14.-18. Jhs.); Rathaus
(Backsteinbau 16. Jh., mit Fachwerk-Anbau 17. Jh.); Lateinschule
(17.–19. Jh., Fachwerk mit Backstein, 1778–82 Wirkungsstätte
J. H. Voß); ehem. welfisches Schloß (18. Jh., auf dem Platz der askanischen Wasserburg, Backstein, heute Sitz des Amtsgerichts);
Torhaus (17. Jh., Rest der askanischen Wasserburganlage, Backstein, heute Sitz der Heimatstube Labiau und des Studios für moderne Kunst); Kranichhaus mit Speicher (17./18. Jh., Gebäude-
gruppe, Massiv-Backstein bzw. Fachwerk mit Backstein, Kauf-

manns- und Honoratiorenhaus, nach Giebelzier benannt, heute Sitz des Kreismuseums und -archivs); Historischer Kran (18. Jh.) am Medemufer (heute Nachbildung); Wallanlage (17./18. Jh.); Schöpfwerk an der Medemmündung als technisches Baudenkmal des 20. Jhs.

Das Kreismuseum Kranichhaus

Das Museum, von Mitgliedern des Heimatbundes an Elb- und Wesermündung „Männer vom Morgenstern" 1934 gegründet, wurde 1964 vom Otterndorfer Torhaus (Teil der alten sachsen-lauenburgischen Wasserburg bzw. der späteren Schloßanlage) in das Kranichhaus verlegt. Dieser nach seiner Giebelzier benannte Gebäudekomplex aus dem 17./18. Jh. diente zunächst als Kaufhaus samt Speicher. Als Museum soll das historische, von einer Hamburger Familie errichtete Kranichhaus den Lebensstil wohlhabender Bürger der Stadt Otterndorf im 18. und frühen 19. Jh. sowie die jüngere Kulturgeschichte des Landes Hadeln und insbesondere der Stadt Otterndorf veranschaulichen. Mit diesem Ziel wurden Einrichtungsgegenstände und Hausrat zusammengetragen, die hier ehedem benutzt und oft auch angefertigt wurden und die einst wahrscheinlich auch zur Ausstattung des Kranichhauses gehört haben. Kulturelle Veranstaltungen im Haus lassen alljährlich die alten Zeiten mit ihrem Lokalkolorit wieder lebendig werden. Im architektonischen Rahmen dieses Patrizierhauses der Barock- und Rokokozeit wird den Besuchern des Museums ein Bild von der ausgeprägten historischen Eigenart des früher weitgehend autonomen Landes Hadeln und seiner Stadt Otterndorf vermittelt. Neuerdings befindet sich im Kranichhaus auch eine „Voß-Stube" mit Erinnerungsstücken an den Dichter, Übersetzer und Sprachgelehrten, der dem Haus und seinen damaligen Bewohnern freundschaftlich verbunden war.

Literatur:
Die Kunstdenkmale d. Landes Niedersachsen, Reg. Bez. Stade: Land Hadeln und Stadt Cuxhaven (1956). – W. Lenz, Zur Entstehung des Kirchspiels und der Stadt

Otterndorf (bis 1400). Jahrb. Männer Morgenstern 41, 1960, 45 ff. – W. Lenz, Die Erweiterung der Stadt Otterndorf im 16. Jahrhundert und ihre Befestigung. Jahrb. Männer Morgenstern 43, 1962, 86 ff. – R. Lembcke, Das Kranichhaus in Otterndorf (1972).

R. Lembcke

Der spätkaiserzeitliche Urnenfriedhof am Gravenberg bei Westerwanna

Auf allen Seiten von Mooren und Marschland umgeben liegt östlich der Wurster Heide die kleine, zweigeteilte Geestinsel von Wanna im Lande Hadeln. Nordwestlich des Ortsteils Westerwanna erhebt sich aus dem welligen Gelände der 20 m hohe, weithin sichtbare Gravenberg, der annähernd den Mittelpunkt des größten bisher bekannten Urnenfriedhofs Nordwestdeutschlands bildet. Bis zum heutigen Tage sind weit mehr als 3000 Urnengräber bekannt geworden.

Obwohl man bereits seit dem 18. Jh. durch zufällige Erdarbeiten und unkontrollierte Schürfungen am Gravenberg immer wieder auf Urnen gestoßen war, begannen erst am Ende des 19. Jhs. zunehmend systematischer werdende Ausgrabungen. Von 1896 bis 1913 haben H. Möller, J. Bohls, P. Schübeler, C. Pridat sowie A. und Fr. Plettke mehr als 1500 Urnengräber geöffnet und freigelegt. Der größte Teil dieses Bestandes gelangte schließlich in das heutige Morgenstern-Museum in Bremerhaven. Etwa 1000 weitere Urnen kamen aus Grabungen der gleichen Zeit – vor allem durch H. Winter – in das Hamburgische Museum für Völkerkunde und Vorgeschichte; später sind sie in das Helms-Museum Hamburg-Harburg überführt worden. Mehrere hundert Urnen sind außerdem in verschiedenen Norddeutschen Museen zu finden.

Bereits A. Plettke erkannte die hervorragende Bedeutung des Friedhofes von Westerwanna mit seinem fast unüberschaubar gro-

Der Gravenberg bei Westerwanna im Mittelpunkt des spätkaiserzeitlichen Urnen-gräberfeldes.

ßen Fundbestand an Urnen und Grabbeigaben für die Chronologie der späten Kaiserzeit und der Völkerwanderungszeit im nördlichen Niedersachsen. Es gelang ihm 1914, eine auch heute noch weitgehend gültige Gliederung der Keramik vom „Westerwannaer Typ" aufzustellen.

1931 prägte dann K. H. Jacob-Friesen für charakteristische Bodenaltertümer (Keramik, Fibeln, Schnallen und Geräte) als Leitformen eines vor allem in Westerwanna und anderen zeitgleichen Friedhöfen des Elb-Weser-Gebietes vorkommenden Formenkreises den Begriff „Stufe von Westerwanna". Selbst heute noch klingt die unverminderte Bedeutung des Westerwannaer Urnenfriedhofes und seines Fundstoffes für die Frühgeschichtsforschung in der Bezeichnung „Fundgruppe von Westerwanna" an (s. Bd. 29, S. 190ff.). Trotz der großen Aussagekraft des reichen archäologischen Materials von Westerwanna konnten die Funde dieses Friedhofes – vor

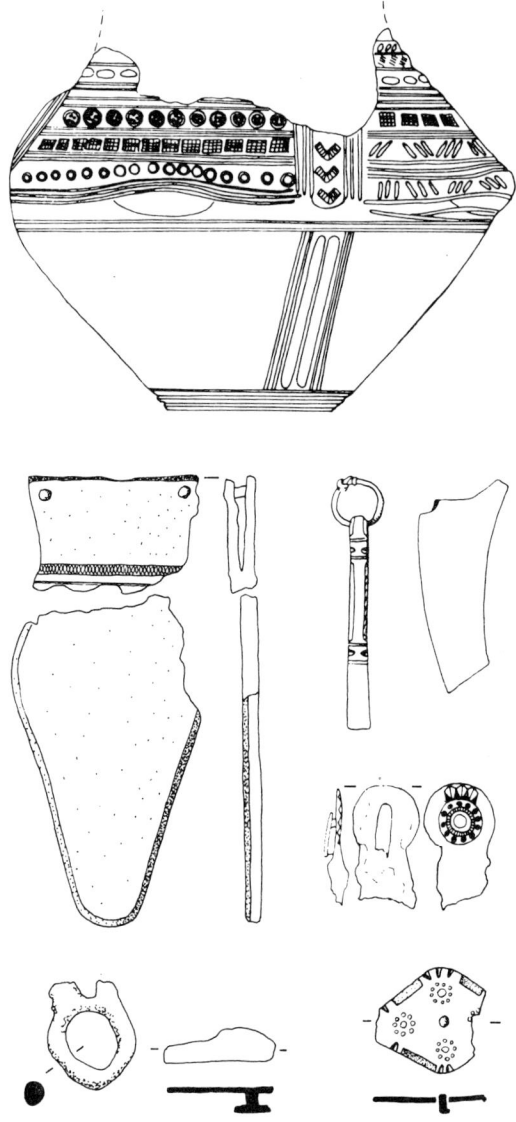

Beigaben einer Männerbestattung des frühen 5. Jhs. aus Urne 693 von Westerwanna.
Morgenstern-Mus. Bremerhaven.

allem bedingt durch Kriegseinwirkungen und ihre Folgen – bis heute noch nicht vollständig vorgelegt und ausgewertet werden. Allerdings steht die Veröffentlichung des umfänglichen Hamburger Bestandes unmittelbar vor ihrem Abschluß. Die Durchsicht der publizierten Funde ergibt folgendes Bild, das sich wohl auch durch die seit Herbst 1975 von H. Aust durchgeführten Ausgrabungen nur unwesentlich verändern wird.

Die ältesten Urnengräber am Gravenberg können noch in das 2. Jh. n. Chr. datiert werden. Seit dieser Zeit wurde dann der Friedhof kontinuierlich bis zur Mitte des 5. Jhs. weiter benutzt. Es hat somit den Anschein, als ob dieser Bestattungsplatz die unmittelbare Fortsetzung des weiter westlich gelegenen Gräberfeldes Westerwanna-,,Griftteile" (s. S. 98ff.) bildet, dessen letzte Urnengräber noch im 2. Jh. n. Chr. angelegt wurden. Die überwiegende Zahl der etwa 3000 Urnen vom Gravenberg gehört jedoch eindeutig ins 4. und 5. Jh. Zu den charakteristischen Keramikformen dieser Spätzeit kann man die reichverzierten Buckelurnen, die hohen Standfußgefäße und die wenigen weitmündigen Schalenurnen zählen. Bei den meist auf dem Scheiterhaufen verbrannten und daher schlecht erhaltenen Metallbeigaben des 4./5. Jhs. handelt es sich vor allem um Armbrustfibeln mit und ohne Trapezfuß, um Stützarm- und Tutulusfibeln sowie um gleicharmige Kerbschnittfibeln. Ebenfalls sollen die verschiedenen Scheiben- oder Schalenfibeln mit Preßblech- oder gegossener Auflage erwähnt werden. Neben diesen Gewandspangen aus Frauengräbern kommt den Schnallen und Gürtelbeschlägen aus Männergräbern große Bedeutung bei der Datierung der Urnen zu. Bisher fanden sich verschiedene Formen der Tierkopfschnallen, astragalierte Versteifungsröhren der breiten spätrömischen Ledergürtel sowie Bruchstücke und Teile von kerbschnittverzierten Gürtelgarnituren.

Unter den zahlreichen oben angeführten Metallbeigaben ließ sich bisher kein einziges Stück aussondern, das nach der Mitte des 5. Jhs. zu datieren ist. Somit scheint der riesige Friedhof von Westerwanna, wie fast alle Gräberfelder im westlichen Elb-Weser-Dreieck,

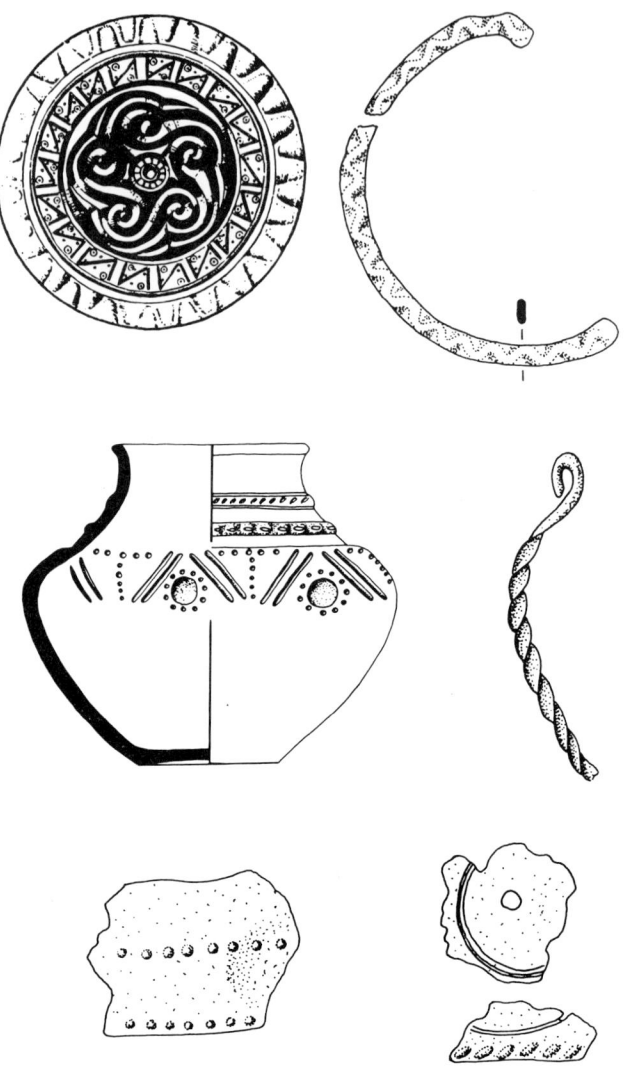

Beigaben einer Frauenbestattung aus der Zeit um 400 aus Urne 2005 von Westerwanna. Helms-Mus. Hamburg-Harburg.

spätestens im mittleren 5. Jh. sein Ende gefunden zu haben. Die Bewohner der zugehörigen Siedlungsplätze, bei denen es sich zweifellos um Sachsen gehandelt hat, dürften nach Aussage der Grabfunde das Land verlassen haben, da auch aus anderen Teilen der Gemarkung von Wanna jüngere Funde, d. h. aus dem späten 5. und 6. Jh., nicht bekannt sind. Es liegt nahe, diesen Siedlungsabbruch um die Mitte des 5. Jhs., der sich durch ein Schwächerwerden der Friedhofsbelegung während der Spätzeit bereits ankündigte, mit der Abwanderung der festländischen Sachsen nach England in Verbindung zu bringen (vgl. Bd. 29, S. 216 ff.).

Der in der Mitte des ausgedehnten Gräberfeldes liegende Gravenberg galt lange Zeit als vorgeschichtlicher Grabhügel. Ausgrabungen im August 1976 durch H. Aust konnten bisher keine Bestätigung für diese Annahme bringen. Der Hügel wurde – soviel läßt sich aber heute bereits sagen – in mehreren Bauphasen aus Erde und Plaggen aufgeworfen und war von einem Graben umgeben. Möglicherweise handelt es sich bei diesem Monument wie beim Galgenberg bei Cuxhaven-Sahlenburg um eine mittelalterliche Turmhügelburg. Eigentümlich ist nur, daß in der gesamten Hügelaufschüttung nicht ein einziger Scherben eines zerstörten Urnengrabes angetroffen wurde, was bei Erdentnahme aus der unmittelbaren Umgebung des Gravenberges unweigerlich hätte der Fall sein müssen.

Literatur:

A. Plettke, Ursprung und Ausbreitung der Angeln und Sachsen. Die Urnenfriedhöfe in Niedersachsen 3, H. 1 (1921). – K. Zimmer-Linnfeld, Westerwanna I. Atlas der Urgeschichte, Beih. 9 (1960). – H. W. Böhme, Germanische Grabfunde des 4. und 5. Jahrhunderts zwischen unterer Elbe und Loire. Münchner Beitr. z. Vor- und Frühgesch. 19 (1974).

H. W. Böhme

Das Urnenfeld von Wanna „Griftteile"

In der fundreichen Siedlungskammer Wanna wurde bei der Feldbegehung im Rahmen der archäologischen Landesaufnahme im Kreis Land Hadeln auf der Flur „Griftteile" eines der größten unerforschten Gräberfelder Niedersachsens entdeckt. Nach dem heutigen Kenntnisstand legte man den ca. 4 ha großen Friedhof im Anschluß an eine Hügelgräbergruppe der älteren Bronzezeit an. Die Funde weisen aus, daß auf diesem Platz wahrscheinlich über die jüngere Bronzezeit (verschliffene Flachhügel) und die gesamte vorrömische Eisenzeit hindurch bis in die römische Kaiserzeit hinein kontinuierlich bestattet wurde. Dies vorausgesetzt, wäre es nicht auszuschließen, daß das nur ca. 1000 m entfernt liegende bekannte völkerwanderungszeitliche Urnenfeld „Westerwanna Gravenberg" den Nachfolgefriedhof des Bestattungsplatzes „Griftteile" darstellt.

Die bisherigen Rettungsgrabungen in diesem Friedhof wurden überwiegend in dem Bereich mit spätlatènezeitlichen Bestattungen (etwa 120 v. Chr. Geb. – um Chr. Geb.) vorgenommen. Die geborgenen 150 Urnen standen zumeist in kleinen Gruppen zusammen und waren teilweise durch locker gefügte Steinpackungen geschützt. Da man die Gefäße in der Regel nur flach in die Erde eingesenkt hatte, waren viele von ihnen durch landwirtschaftliches Gerät stark beschädigt worden.

Die Keramik weist überwiegend weitmündige, bauchige Formen auf, deren verschieden breit abgesetzte Ränder unterschiedlich ausgeformt sind. Die Gefäßunterteile schwingen überwiegend stark ein (sog. „Rettichgefäße" nach K. Waller) und sind teilweise stark angerauht. Zahlreich sind die Beispiele, wo auf der Gefäßschulter drei Dellen eingedrückt sind, ein im Elbe-Weser-Dreieck beliebtes Zeichen, dessen Bedeutung uns verborgen ist. Neben diesen, meist in die beginnende Spätlatènezeit zu datierenden Formen treten vereinzelt dreigliedrige Zweihenkeltöpfe und krukenförmige Gefäße auf. Die Keramik ist handgeformt und überwiegend aus mittelgrobge-

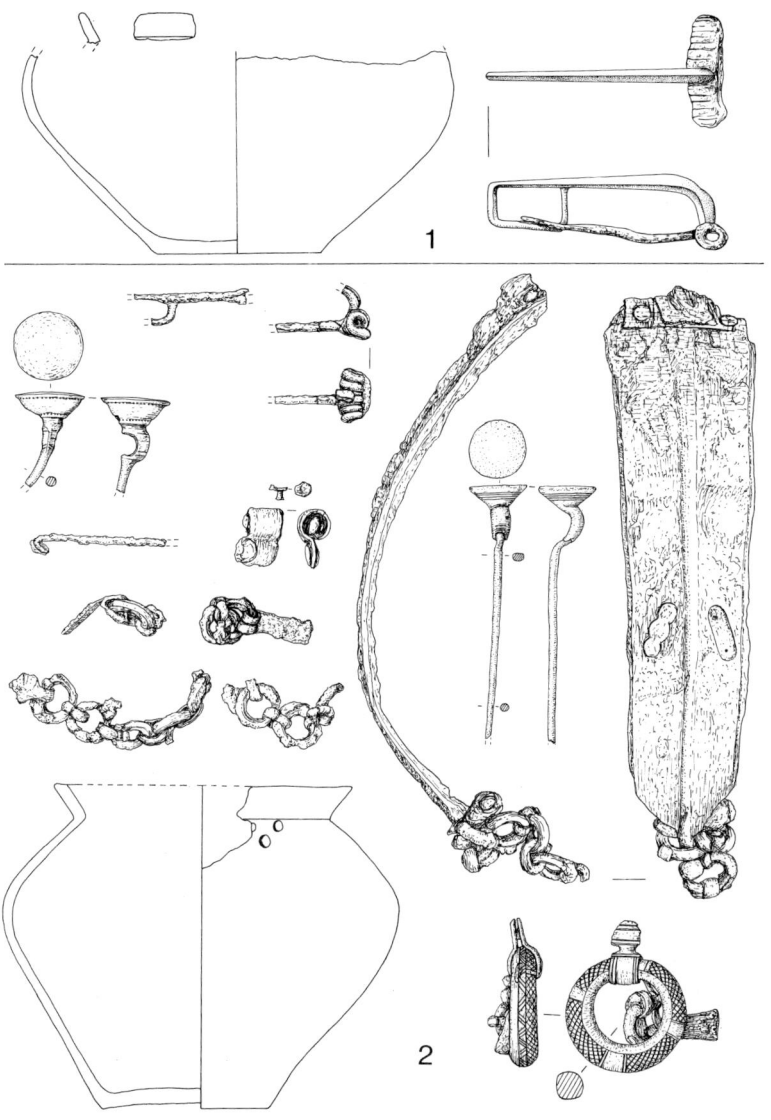

Wanna-Griftteile, Kr. Land Hadeln. Urnengräber der vorrömischen Eisenzeit.
1 Grab 44. – 2 Grab 47. Keramik M = 1:6, Metall M = 1:3.

magertem Ton gefertigt, der manchmal zusätzlich mit Pflanzenteilen aufbereitet worden ist.

Die Metallbeigaben sind zum Teil außerordentlich stark zerschmolzen und verbacken, was auf eine intensive Hitzeentwicklung im Scheiterhaufen schließen läßt. Andere Objekte wiederum sind noch so gut erhalten, daß sie mit großer Wahrscheinlichkeit nicht dem Feuer des Scheiterhaufens ausgesetzt waren, sondern wohl unbeschädigt in die Urnen gelangten. Dies gilt besonders für verschiedene der großen Plattengürtelhaken, die noch mit dünnem Bronzeblech plattiert aufgefunden wurden. Neben dieser sehr auffälligen Hakenform barg man Holsteiner Nadeln, große, strichverzierte Bronzeringe, Eisen- und Bronzefibeln vom Mittel- und Spätlatèneschema, lange schmale Riemenzungen aus Bronze, sehr viele kleine Eisenringe, Riemenverteiler und sogenannte „Klapperbleche". Letztere sind trapezförmige, längliche Eisenbleche, die wohl zu Zierzwecken dienten.

Das Fundgut aus den unversehrten Gräbern ist – wie Grab 47 zeigt – außergewöhnlich reichhaltig. Durch eine planmäßige Ausgrabung des Gesamtareals bestünde hier die Möglichkeit, die in diesem Bereich der Niederelbe noch durchaus unbefriedigende Quellenlage für die vorrömische Eisenzeit nachhaltig zu verbessern.

Literatur:

H. Aust, Die Vor- und Frühgeschichte im Kreise Wesermünde (Dissertation Hamburg 1972; in Druckvorbereitung). – H. Aust, Archäologische Landesaufnahme, Kr. Land Hadeln. Nachr. d. Marschenrates z. Förderung d. Forschung im Küstengeb. d. Nordsee 10, 1973, 25. – H.-J. Häßler, Zur inneren Gliederung und Verbreitung der vorrömischen Eisenzeit im südlichen Niederelbegebiet. Materialh. z. Ur- u. Frühgesch. Niedersachsens (im Druck). – K. Waller, Latènezeitliche Friedhöfe an der Elbmündung. Prähist. Zeitschr. 32/33, 1941/42, 235 ff.

H.-J. Häßler

Flögeln – Untersuchungen zur Entwicklungsgeschichte
einer Siedlungskammer

Im Küstengebiet zwischen Elbe und Weser ist die Verteilung von Marsch, Moor und Geest kennzeichnend für die Landschaftstruktur. Auf die Marschgebiete im Mündungsbereich von Elbe und Weser folgen in Richtung auf das Binnenland z. T. ausgedehnte Moore. Diese schließen wiederum einzelne Geestinseln unterschiedlicher Größenordnung ein, die aus glazialen Sand- oder Geschiebesand-Aufschüttungen bestehen. Die Vermoorungen setzten mit dem Anstieg des Meeresspiegels ein, der zwischen 5000 und 3000 v. Chr. im Bereich der heutigen Küstenlinie zur Ablagerung von Marschsedimenten und in Geestnähe auf Grund fehlender Entwässerung zur Vernässung und damit zur Vermoorung geführt hatte. Mit dieser scharfen Gliederung der Landschaft in einzelne Geestinseln, die durch Marsch- und Moorgebiete voneinander getrennt werden, sind die Voraussetzungen für gemeinsame interdisziplinäre siedlungsarchäologische Untersuchungen gegeben. Sie geben sowohl über die Landschafts- als auch über die Siedlungs- und Wirtschaftsentwicklung des Elbe-Weser-Dreiecks seit dem Neolithikum neue Aufschlüsse (s. Band 29, S. 30ff. u. 42ff.).
Als besonders gut geeignetes Forschungsobjekt zur Entwicklungsgeschichte einer Siedlungskammer, das im Rahmen des DFG-Schwerpunktprogrammes „Vor- und frühgeschichtliche Besiedlung des Nordseeraumes" 1971 in Angriff genommen werden konnte, erwies sich die zur Hadeler Bucht mit ihren Marschablagerungen hin orientierte und von Moorniederungen eingefaßte Geestinsel von Flögeln. Nach den Ergebnissen der moorbotanischen Untersuchungen beginnt dort im nördlich angrenzenden Ahlenmoor um etwa 4000 v. Chr. eine großflächige Niedermoorbildung. Gleichzeitig setzt auch bereits an einigen Stellen die Entwicklung von Hochmooren ein, die dann im Laufe der Bronzezeit ihre heutige Ausdehnung erreichen. Diese Ergebnisse werden durch archäologische Befunde bestätigt, wie mehrere von Torf überwach-

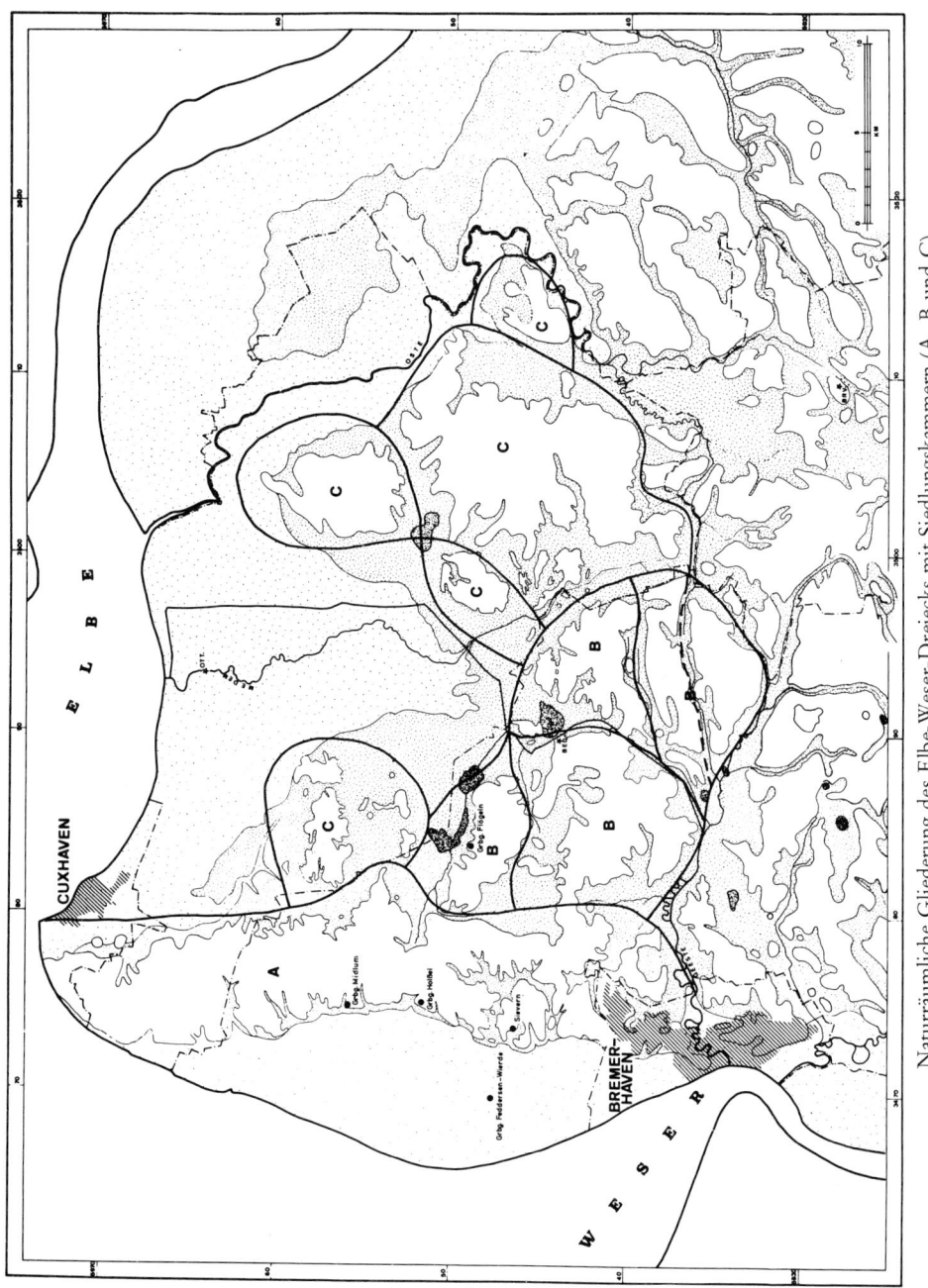

Naturräumliche Gliederung des Elbe-Weser-Dreiecks mit Siedlungskammern (A, B und C)

sene Megalithgräber im Bereich des Ahlenmoores zeigen (s. Band 29, S. 100). Durch das bis in die Gegenwart reichende Moorwachstum werden pollenanalytische Untersuchungen in der Nähe vor- und frühgeschichtlicher Siedlungen ermöglicht. Ihre Ergebnisse geben also nicht nur Aufschlüsse über die Vegetationsentwicklung und damit den landschaftlichen Strukturwandel in den verschiedenen Zeitabschnitten, sondern gleichzeitig Einblicke in die Siedlungsabfolge, ihre Kontinuität und Dichte, sowie die damit verbundene Wirtschaftsweise (s. Band 29, S. 42ff.). Dabei wurde die Vegetation hier stets durch die relativ armen Böden bestimmt.

Im Pollendiagramm zeichnen sich erste sichere Siedlungsnachweise für das Neolithikum ab; seit etwa der mittleren Bronzezeit ist dann eine kontinuierliche Besiedlung über die Vorrömische Eisenzeit und Römische Kaiserzeit bis in die Völkerwanderungszeit nachweisbar. Der Ackerbau ist in den älteren Zeitabschnitten nur in geringem Umfang auf der Geest betrieben worden. So wurden z. B. verkohlte Getreidereste von Gerste, Hafer, Zwergweizen und Emmer in einer jungbronzezeitlichen Siedlungsgrube bei Flögeln-Eekhöltjen nachgewiesen. Eine geschlossene Getreidekurve setzt im Pollendiagramm jedoch erst kurz vor Chr. Geb. ein und unterstreicht besonders für die Kaiser- bis Völkerwanderungszeit die Besiedlung und Bewirtschaftung der Flögelner Siedlungskammer. Die pollenanalytischen Befunde werden außerdem von den Untersuchungsergebnissen der in den Grabungen geborgenen verkohlten Kulturpflanzenreste bestätigt. In diesem Zusammenhang ist besonders bemerkenswert, daß außer Gerste, Hafer und Lein auch bereits der Roggen mit Sicherheit in der Völkerwanderungszeit und mit großer Wahrscheinlichkeit schon in der Kaiserzeit gezielt angebaut wurde. Im Vergleich mit der Größenordnung der Siedlung und der angrenzenden Wirtschaftsfläche von „Celtic-fields" ist jedoch der Getreidepollenanteil relativ gering. Auf allen bisher nachgewiesenen Fluren ist daher ein Dauerackerbau kaum vorstellbar; offensichtlich hat vielmehr die Viehhaltung eine wesentlich größere Rolle für die Ernährung der Bevölkerung gespielt.

Zwischen dem 4. Jh. n. Chr. und dem frühen Mittelalter setzen die Pollenkurven von Kulturpflanzen und Siedlungsanzeigern weitgehend aus und deuten somit auf eine Unterbrechung der Besiedlung hin. Damit ist eine auch im Pollendiagramm klar ausgeprägte Wiederbewaldung verbunden. Erst im frühen Mittelalter zeigt das Einsetzen einer geschlossenen Roggenkurve die erneute Siedlungstätigkeit an, die dann im 12. Jh. auch nach Ausweis der archäologischen, historischen und flurgenetischen Untersuchungen ihren Höhepunkt erreicht (vgl. die Artikel von Hucker, Zimmermann und Pech in Band 29 und 30). Während der Wüstungsperiode des 14. bis 16. Jhs. ist dann ein deutlicher Rückgang des Ackerbaus erkennbar; gleichzeitig tritt wie auch in anderen Gebieten Nordwestdeutschlands erstmals der Buchweizen auf.

Diese hier kurz skizzierten ersten Ergebnisse unterstreichen die Bedeutung der botanischen Untersuchungen für die Rekonstruktion der Siedlungs- und Wirtschaftsweise während verschiedener Zeitabschnitte auf der Siedlungskammer von Flögeln. Sie im Detail zu erschließen, ist die Aufgabe großer Plangrabungen im Rahmen des seit 1971 vom Niedersächsischen Landesinstitut für Marschen- und Wurtenforschung durchgeführten Forschungsprogrammes. Die Voraussetzungen dafür aber schuf erst die systematische Kartierung aller Bodenfunde im Gelände durch die archäologische Landesaufnahme des Kreises Wesermünde. Der Reichtum an heute noch vorhandenen Bodendenkmälern aus verschiedenen Zeitabschnitten wird im Gebiet der Siedlungskammer Flögeln im Flögelner Holz am deutlichsten sichtbar. Dort führt ein 2,8 km langer, als ,,Vorgeschichtspfad'' eingerichteter Rundweg den Besucher an 30 vorgeschichtlichen und mittelalterlichen Fundplätzen vorbei, zu denen unter anderem Megalithgräber, Hügelgräbergruppen, Einzelhügel, Wegespuren und Altäcker gehören. Im Verlauf der Herrichtung des Lehrpfades konnten auch an mehreren Stellen Untersuchungen durchgeführt werden, die für den Siedlungsablauf älterer Perioden interessante Aufschlüsse vermittelten. So wurden z. B. im Bereich eines Megalithgrabes außer typischen tiefstichverzierten Scherben

Flögeln. Megalithgrab unter Hügel (Innenansicht).

und Feuersteingeräten auch Funde der Einzelgrabkultur im Kammerinhalt freigelegt. Berücksichtigt man weiterhin einige Scherben von sogenannten Riesenbechern, die auch aus einem nahegelegenen Steinkistengrab vorliegen, ist somit in einem eng begrenzten Gebiet der Siedlungskammer die Bestattungskontinuität vom Neolithikum bis in die frühe Bronzezeit erwiesen. Über einzelne Gruppen bronzezeitlicher Grabhügel bis zu angrenzenden kleinen Flachgräberfeldern mit Urnenfunden der jüngeren Bronzezeit und älteren Vorrömischen Eisenzeit ist dann die kontinuierliche Besiedlung weiter zu verfolgen. Nicht weit entfernt von diesem Fundgebiet liegen im Wald Reste von „Celtić-fields", während außerhalb des Waldes von der mittelalterlichen Flur überdeckte Siedlungsfunde des 1. bis 5. Jhs. n. Chr. und Grabfunde des 4. bis 5. Jhs. auftreten. Verlassen wir den östlichen Teil der ca. 23 km² großen Geestinsel

Flögeln und wenden uns dem nördlichen Bereich der sogenannten „Haselhörn" zu. Diese dreiseitig von Mooren eingefaßte Halbinsel wurde aufgrund ihrer günstigen archäologischen und botanischen Voraussetzungen zum Schwerpunkt größerer interdisziplinärer Untersuchungen im Rahmen des angeführten Forschungsprogrammes. Den archäologischen Arbeiten kommt zugute, daß auf der „Haselhörn" offensichtlich keine Überlagerung durch mittelalterliche Besiedlung und Bewirtschaftung erfolgte und die heutigen Feldlagen erst im vorigen Jahrhundert verkoppelt und in den letzten Jahrzehnten kultiviert wurden. Die geringen Veränderungen werden z. B. durch die ungestörte Erfassung eines großen kaiserzeitlichen „Celtic-field" – Komplexes von ca. 100 ha Fläche verdeutlicht.

Auf der „Haselhörn" wurden die schon angeführten, im östlichen Gebiet der Siedlungskammer Flögeln erzielten Ergebnisse durch die archäologische Landesaufnahme und die großen Flächenabtragungen im Bereich einer Siedlung der Römischen Kaiserzeit und Völkerwanderungszeit auch für die Besiedlung in älteren Perioden wesentlich vertieft. Die Fundplätze des Neolithikums und der Bronzezeit konzentrieren sich in erster Linie auf kleinen Geestvorsprüngen in Moorrandnähe, kommen jedoch auch im zentralen Bereich der „Haselhörn" vor. Auf den Grabungsflächen der kaiserzeitlichen Siedlung wurden außer einer breiten Streuung von tiefstichverzierten Scherben und mesolithischen und neolithischen Flintgeräten auch mehrere neolithische Flachgräber und Gruben freigelegt, die auf eine nahe gelegene Siedlung dieser Zeit schließen lassen. Eine Reihe weiterer Funde sind der frühen bis mittleren Bronzezeit zuzuordnen, wie Grubeninhalte oder Streufunde, so z. B. Scherben eines Riesenbechers, Glockenbecherscherben, Meißel- und Flintdolchbruchstücke, geflügelte Pfeilspitzen, ferner die steinerne Gußform für eine Scheibenkopfnadel zeigen.

Aus Gruben und Steinpflastern im Bereich der kaiserzeitlichen Siedlung stammt auch eine große Anzahl von Scherben jungbronzezeitlicher Keramik. Außer der typischen einheimischen Tonware

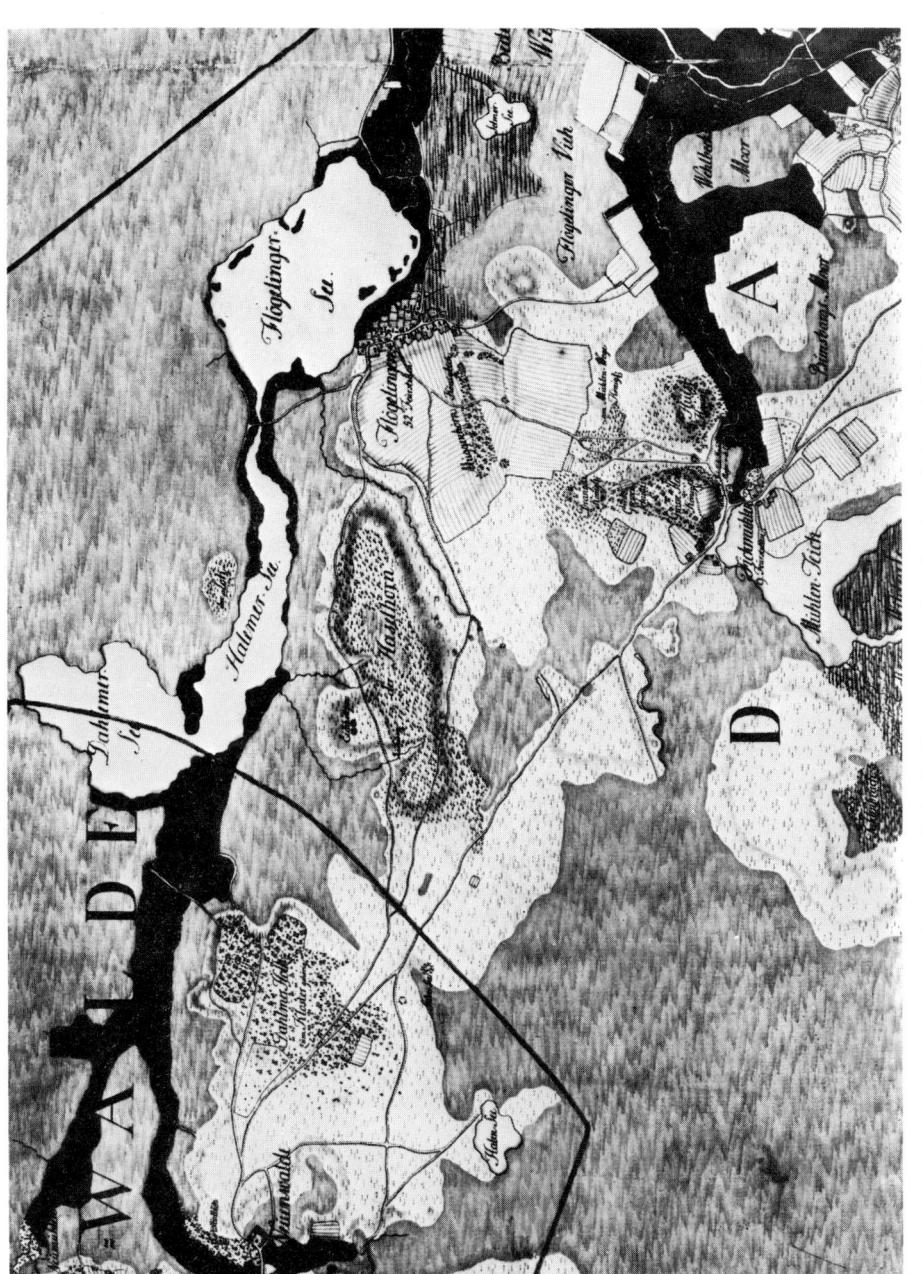

Kartenausschnitt der Kurhannoverschen Landesaufnahme (1768).

gehört dazu u. a. ein tönernes Miniaturgefäß, das wie ähnliche skandinavische Stücke in der Form eines Bronzehängebeckens gearbeitet ist. Eine Sonderform stellt außerdem ein großes, mit der Schrägrand-Grobkeramik des westlichen Urnenfelderbereiches vergleichbares Vorratsgefäß dar, ferner der Steilrand eines Gefäßes mit Resten roter Bemalung und Rollrädchen-Stempelverzierung auf dem Rand. Außer einigen Reihen von Pfostenlöchern konnte bisher nur das Fragment eines Firstpfostenhauses mit doppelten Wandpfostenreihen mit Wahrscheinlichkeit der jüngeren Bronzezeit zugewiesen werden. Weitere Suchschnitte auf bronzezeitlichen Wohnplätzen, die aufgrund der Flurbegehung lokalisiert werden konnten, erbrachten noch keine sicheren Nachweise von Hausgrundrissen, dagegen oft eine Konzentration von Gruben und Steinpflastern mit starken Brandspuren. Bemerkenswert ist das vereinzelte Vorkommen von Jastorf-Keramik in Grubenfüllungen, so daß mit einer kontinuierlichen Nutzung bronzezeitlicher Wohnplätze bis in die Vorrömische Eisenzeit zu rechnen ist. Wenn aus dieser Periode auch bisher nur spärliche Siedlungsfunde vorliegen, so weist andererseits ein kleines Gräberfeld der Vorrömischen Eisenzeit im Bereich eines bronzezeitlichen Grabhügels auf das Fortbestehen bronzezeitlicher Besiedlung hin (,,Winnpenns Barg").

Für die bronzezeitliche Siedlungsperiode kommt der Entdeckung eines Hortfundes mit goldblechbelegter Plattenfibel und mit massiv goldenem Armreif (Periode Montelius IV) im Bereich der kaiserzeitlichen Siedlung eine besondere Bedeutung zu. Die Plattenfibel gehört in die Reihe von fünf Parallelfunden, von denen zwei aus Schweden, zwei aus Dänemark und einer aus Niedersachsen (Emmendorf, Kr. Uelzen) stammen. Die mit einem Schlangenmotiv in einer nierenförmigen Umrandung und mit konzentrischen Kreisen im Zentrum der Platten verzierte Flögelner Fibel ist am besten mit einem Exemplar aus Saxtorp in Schonen vergleichbar. Weist sich die Fibel kulturhistorisch somit als prunkvoller Vertreter des ,,Nordischen Kreises" aus, so paßt der Ring in das Verbreitungsbild der Funde nordwesteuropäischer Herkunft und ist damit als möglicher

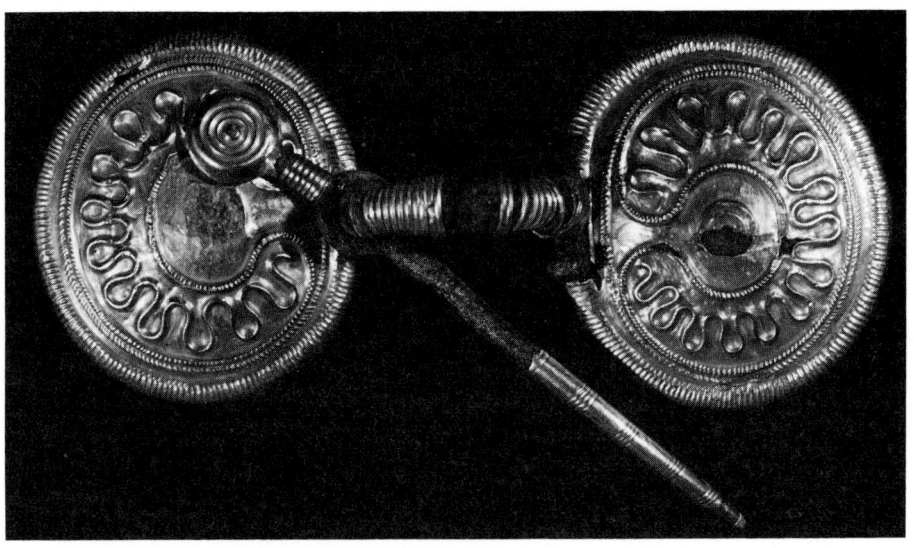

Flögeln. Jungbronzezeitliche Plattenfibel, Bronze mit aufgelegtem Goldblech. L. 15 cm.

Import von den Britischen Inseln oder aus Nordfrankreich anzusehen.

In Verbindung mit den angeführten in den Süden und Norden weisenden keramischen Sonderformen gewinnt die Frage nach den verkehrsräumlichen Beziehungen der bronzezeitlichen Siedler von Flögeln durch den Hortfund an Bedeutung. Damit wird auch die Notwendigkeit unterstrichen, bei der Fortführung des Forschungsprogrammes das angrenzende Moorgebiet in die archäologischen Untersuchungen mit einzubeziehen. Für die Vorrömische Eisenzeit und die Römische Kaiserzeit sind bereits Hinweise dafür vorhanden, daß mit einer später vermoorten Rinne gerechnet werden kann, die vielleicht mit den in die Elbmarsch der Hadeler Bucht einmündenden Wasserläufen Verbindung hatte. So liegen in einem Bereich von mehreren 100 m Länge aus dem geestrandnahen Moor der Neumühlener Aue bei Flögeln außer zahlreichen Scherben der

Vorrömischen Eisenzeit und der Römischen Kaiserzeit auch mehrere Holzfunde vor, zu denen unter anderem der Rohling einer Holzschale und zwei Radnaben gehören. Die Orientierung der kaiserzeitlichen Siedlung zur Niederung in Richtung auf den Halemer See wird auch durch einen im Moor aufgeschütteten und durch eichene Spalthölzer begrenzten Sandweg verdeutlicht, dessen Benutzungsdauer aufgrund der pollenanalytischen Untersuchungen und archäologischen Funde von der Zeit um Chr. Geb. bis in das 4./5. Jh. n. Chr. datiert werden kann. Wie weit diese möglichen Verkehrsverbindungen in ältere Zeiten zurückprojiziert werden können, kann erst nach eingehenden interdisziplinären Untersuchungen in den vermoorten Randzonen der Siedlungskammer von Flögeln geklärt werden.

Während der Römischen Kaiserzeit und der Völkerwanderungszeit zeichnen sich auf der Flögelner Geestinsel drei Siedlungsschwerpunkte ab, die jeweils auf 5 bis 8 ha großen und durch anmoorige Niederungen voneinander abgesetzten Teilbereichen der Siedlungskammer liegen. Im westlichen und östlichen Teilbereich (Dalemer Holz und Altacker Flögeln) treten die von mittelalterlicher Ackerflur überdeckten Siedlungsspuren des 1. bis 5. Jhs. in drei Fundkonzentrationen auf, so daß mit einer Standortverlagerung der Wohnplätze zu rechnen ist. In beiden Fällen ist außerdem ein Gräberfeld des 4./5. Jhs. nachgewiesen, ferner im Altacker Flögeln unter Wald die Spuren eines großen ,,Celtic-field"-Komplexes. Für die im Rahmen des angeführten Forschungsprogrammes notwendigen großflächigen Plangrabungen wurde der mittlere Teilbereich ,,Haselhörn" mit dem Geestvorsprung Eekhöltjen ausgewählt, da mit den nahegelegenen Hochmoorgebieten besonders gute Voraussetzungen für gemeinsame archäologische und botanische Untersuchungen bestehen. Außerdem entfällt dort die Überlagerung der Siedlung des 1. bis 5. Jhs. durch mittelalterliche Besiedlung und Bewirtschaftung, so daß von vornherein mit der Aufdeckung ungestörter Siedlungsspuren gerechnet werden konnte. Eine Bestätigung für die gute Erhaltung liefert der an den Siedlungsbereich an-

Flögeln-Eekhöltjen. Gesamtplan der Siedlung des 1. bis 5. Jhs. n. Chr. A-G:
Wirtschaftsbetriebe unterschiedlicher Größe (2./3. Jh.). – Schraffierte Rechtecke:
Dreischiffige Hallenhäuser des 2./3. Jhs. – Weiße Rechtecke im Süden der Fläche:
Dreischiffige Hallenhäuser des 1. Jhs. – Weiße Rechtecke im Norden der Fläche:
Dreischiffige Hallenhäuser des 4./5. Jhs.

grenzende, weitgehend im Wald liegende „Celtic-field"-Komplex von etwa 100 ha (vgl. Band 30, S. 28). In dessen südlicher Randzone wurde beim Tiefpflügen ein Gräberfeld des 1. bis 5. Jhs. zum größten Teil zerstört, im nördlichen Grenzbereich der Siedlung dagegen liegt ein weiteres fast ungestörtes kleines Gräberfeld des 4./5. Jhs. Dort konnten bisher etwa 200 Urnen- und Brandschüttungsgräber freigelegt werden, von denen die jüngsten in die Mitte des 5. Jhs. zu datieren sind.

Unter diesen günstigen Voraussetzungen begannen 1971 die Untersuchungen auf der kaiserzeitlichen Siedlung Eekhöltjen, in deren Verlauf bisher rund 3,2 ha Siedlungsgelände abgedeckt werden konnte. Die Besiedlung setzte am Ende der Spätlatènezeit mit verstreut liegenden Wohnplätzen ein. So wurde am Westrand der Gesamtfläche eine aus vier parallel angelegten Wohn-Stall-Häusern und Nebengebäuden bestehende Hofgruppe in der Zeit um Chr. Geb. errichtet. Bei dieser kann es sich um einzelne voneinander unabhängige Wirtschaftsbetriebe oder aber um eine größere zusammengehörende Betriebseinheit handeln. Kennzeichnend für das Siedlungssystem des 1. Jhs. sind die im angrenzenden „Celtic-field" erzielten Befunde. Dort wurden z. T. in Überschneidung mit den Ackerwällen über eine Fläche von fast 1 km² Fundkonzentrationen von acht Wohnplätzen angetroffen, die darauf schließen lassen, daß einzelne Gehöfte oder Hofgruppen während des 1. Jhs. mehrfach innerhalb der Wirtschaftsflächen verlegt worden sind.

Ganz im Gegensatz dazu steht der Siedlungskomplex des 2./3. Jhs. Nach den bisherigen Grabungsbefunden besteht diese Siedlung aus etwa zehn Wirtschaftsbetrieben unterschiedlicher Größenordnung, von denen vier vollständig (B, C, D, E), drei zum größten Teil (A, F, G) und zwei im randlichen Bereich freigelegt werden konnten. Abgesehen von der Größe der einzelnen aneinandergrenzenden, durch Zäune abgeschlossenen Hofareale, weisen diese auch in der inneren Bebauung unterschiedliche Strukturen auf. Hauptbestandteil jedes Wirtschaftsbetriebes ist das dreischiffige Hallenhaus, bei dem es sich in erster Linie um das Wohn-Stall-Haus handelt. Die

Flögeln. Wohn-Stall-Haus des 4./5. Jhs.

kleinste Betriebseinheit dieser dörflichen Anlage ist das aus einem oder zwei dreischiffigen Langhäusern und einem oder mehreren Grubenhäusern bestehende Gehöft (B, E). Die großen Mehrbetriebsgehöfte umfassen dagegen bis zu fünf Langhäuser und dazu mehrere Speicher, Grubenhäuser, einen Brunnen und oft weitere Nebengebäude (A, C).

Bemerkenswert ist die Kontinuität des dörflichen Systems im 2./3. Jh. So lassen die innerhalb der Umzäunungen liegenden Gebäude im Verlauf einer 3- bis 4-phasigen Bebauung nur geringfügige Verlagerungen erkennen. Durch die blockartig aneinandergereihten eingezäunten Gehöfte entsteht ein fast quadratisches Siedlungssystem. Am Nordwestrand der Siedlung wurde mit einem durchlaufenden Zaun ein freies Vorgelände für zwei Gehöfte geschaffen (A, B), das nur über ein wangenförmig eingezogenes Tor zugänglich war. Ein zentraler Zugang zu einem im Zentrum der Siedlung gelegenen freien Platz fand sich dagegen am Westrand der Anlage. Außerdem zeigten weitere torartige Durchbrechungen einiger Hofzäune, daß die einzelnen Hofplätze offenbar eine direkte Verbindung zur angrenzenden Feldmark besaßen. Während der mehrphasigen Bebauung gehörten jeweils etwa 20 dreischiffige Langhäuser zu einer gleichzeitigen dörflichen Anlage, so daß aufgrund der durchschnittlichen Anzahl von acht Doppelboxen mit einer Aufstallungsmöglichkeit für ca. 320 Stück Großvieh zu rechnen ist. Eine weitere wichtige Ernährungsgrundlage bildet auch die Feldbewirtschaftung, wie die Speichergrundrisse und die Ergebnisse der botanischen Untersuchungen zeigen. Zum Wirtschaftsleben dieses Zeitabschnittes gehört ebenfalls das Handwerk. Einen Hinweis darauf geben die Grubenhäuser sowie z. B. das Fundmaterial der Metallverarbeitung, zu dem außer zahlreichen Eisenschlacken von Ausheizherden auch Grubenmeiler zur Holzkohlegewinnung gehören.

Eine besondere Bedeutung kommt der Frage nach den Ursachen für den Strukturwandel von der Streusiedlung zur dörflichen Anlage zu. Ein Grund dafür könnte in der möglichen Veränderung der An-

Flögeln. Brunnen mit Steineinfassung des 4./5. Jhs.

Flögeln. Die Grabungsfläche mit Fototurm.

baumethoden auf der angrenzenden Flur liegen. Während einerseits nach den bodenkundlichen Untersuchungen mit mineralischer und organischer Düngung im Ackersystem der ,,Celtic-fields" zu rechnen ist, liegen andererseits Hinweise auf das Vorhandensein günstiger Ackerböden in der Nähe der Siedlung vor, die keine Spuren von ,,Celtic-fields" aufweisen. Möglicherweise setzen im 2./3. Jh. neue Anbautechniken ein – wobei wir an die Wendepflugspuren von der Feddersen Wierde denken –, die zu einer geringeren Fluktuation der Wirtschaftsflächen und damit auch zu einer größeren Konstanz und Konzentration der bäuerlichen Wirtschaftsbetriebe führten.

Im 4./5. Jh. wird jedoch das dörfliche Siedlungsareal erneut aufgegeben und in nördlicher Richtung mit Überschneidungen der Randzonen älterer Siedlungsreste geringfügig verlagert (s. Abb. S. 111). Die zwölf bisher angeschnittenen dreischiffigen Wohn-

Stall-Häuser dieser Phase sind wie in älterer Zeit West-Ost ausgerichtet, treten jedoch in größeren Abständen auf (s. Abb. S. 116). Bemerkenswert ist ferner das Fehlen der vorher für die Abgrenzung einzelner Hofbezirke kennzeichnenden Zäune. Eine weitere Besonderheit ist außerdem die Konzentration von Grubenhaus-Gruppen und das Fehlen von Speichern. Die Anhäufung von Grubenhäusern und ein weiter westlich angeschnittenes Werkstattgebiet für Metallverarbeitung mit Ausheizherden (Schmiedeplätzen) und Grubenmeilern geben wichtige Hinweise auf eine wirtschaftliche Umorganisation während des 4./5. Jhs. Mit dieser ist offensichtlich auch eine Strukturveränderung innerhalb der Langhäuser verbunden, die nicht nur im Wohn-, sondern auch im Stallteil erheblich verlängert werden. So kommen in einem Haus bis zu 32 Viehstellplätze im Gegensatz zu höchstens 16 in der älteren Periode vor. Gleichzeitig ist im Wohnbereich eine Aufteilung in mehrere Räume zu erkennen. In Verbindung mit den wirtschaftlichen Veränderungen lassen diese Befunde darauf schließen, daß auch in sozialer Hinsicht während des 4./5. Jhs. mit einem Strukturwandel zu rechnen ist.

Die vorliegenden Grabungsbefunde machen deutlich, daß mit der Verlagerung der Gesamtsiedlung auch die Auflösungserscheinung der dörflichen Anlage verbunden ist. Wie im 1. Jh. muß also auch im 4./5. Jh. erneut mit verstreut liegenden Einzelgehöften oder Hofgruppen gerechnet werden. Diese Neuentwicklung ist jedoch nur kurzfristig, denn die Auswertung des Fundmaterials aus der Siedlung und dem Gräberfeld sowie die botanischen Untersuchungen zeigen bereits in der Mitte des 5. Jhs. einen Abbruch der Besiedlung an. Betrachtet man noch einmal die Siedlungsentwicklung im Zusammenhang, so besteht während des 2./3. Jhs. eine deutliche Siedlungs- und Platzkontinuität der dörflichen Anlage. An der Wende vom 1. zum 2. und vom 3. zum 4. Jh. treten jedoch Standort- und Strukturveränderungen auf, so daß das gesamte System der kaiser- und völkerwanderungszeitlichen Besiedlung in Flögeln in die Reihe der weit verbreiteten sogenannten ,,wandernden Dörfer'' einzuordnen ist, für die eine Standortverlagerung auf engem Raum das charakteristische Merkmal bildet.

Im Rahmen des Forschungsprogramms soll auch über die Siedlungslücke der späten Völkerwanderungszeit hinaus versucht werden, Aufschlüsse über die Siedlungs- und Wirtschaftsentwicklung der jüngeren Zeit zu erhalten. Im Mittelpunkt dieser zum Teil retrospektiven, interdisziplinären Untersuchungen steht dabei vor allem das heutige Dorf Flögeln und seine Feldmark sowie ferner die ebenfalls urkundlich belegte und im Nordwesten der Siedlungskammer inzwischen lokalisierte Dorfwüstung Dalem (vgl. auch Band 30, S. 36 und 51). In beiden Fällen ist es bereits nach geographisch-historischen Untersuchungen, d. h. unter Berücksichtigung von Archivalien und Flurkarten, der Unterlagen über die Bodenschätzung, der Flurbereinigung, von Luftaufnahmen und Ergebnissen der archäologischen Landesaufnahme gelungen, Ansatzpunkte für Ausgrabungen zu gewinnen. Dazu gehören unter anderem Untersuchungen im Dorfkern von Flögeln mit seinem urkundlich bis in das 12. Jh. zurückzuverfolgenden Adelssitz, sowie ferner auf der angrenzenden Burganlage und den zu diesem Besitz gehörenden, in der Flögelner Feldmark gelegenen sieben im Verlauf des 14. Jhs. wüst gewordenen Wohnplätzen.

Alles in allem zeigt das Beispiel Flögeln mit seiner naturräumlich abgegrenzten, von Moor eingefaßten und in fast allen Zeiten bewohnten „Siedlungskammer", daß es hier durch gemeinsame archäologische, botanische, bodenkundliche, historische und geographische Untersuchungen in idealer Weise möglich ist, den Fragen nach dem Ablauf und der Entwicklung der Besiedlung sowie Veränderung der vor- und frühgeschichtlichen Wirtschaftsformen nachzugehen.

Literatur:

H. Aust, Die Steinkiste von Flögeln. Die Kunde N. F. 9, 1958, 142 ff. – H. Aust, Vor- und Frühgeschichte, in: Der Landkreis Wesermünde (1968) 137 ff. – H. Aust, Die Vor- und Frühgeschichte des Kreises Wesermünde (Diss. Hamburg 1972; in

Druckvorbereitung). – H. Aust, Der „Vorgeschichtspfad Flögeln". Nachr. Niedersachs. Urgesch. 42, 1973, 385 ff. – K.-E. Behre, Pollenanalytische Untersuchungen zur Vegetations- und Siedlungsgeschichte bei Flögeln und im Ahlenmoor. Probleme d. Küstenforsch. im südl. Nordseegeb. 11 (1976; im Druck). – H. Gebhardt, Bodenkundliche Untersuchungen der eisenzeitlichen Ackerflur bei Flögeln. Probleme d. Küstenforsch. im südl. Nordseegeb. 11 (1976; im Druck). – B. U. Hucker, Die Ministerialen von Flögeln. Jahrb. Männer Morgenstern 51, 1970, 81 ff. – B. U. Hukker, Die Siedlungskammer Flögeln und das Gebiet von Midlum in historischer Zeit. Jahrb. Männer Morgenstern 53, 1973, 31 ff. – A. Pech, Der Altacker von Flögeln. Probleme d. Küstenforsch. im süd. Nordseegeb. 10 (1973) 113 ff. – P. Schmid – K. E. Behre – W. H. Zimmermann, Die Entwicklungsgeschichte einer Siedlungskammer im Elbe-Weser-Dreieck seit dem Neolithikum. Nachr. Niedersachs. Urgesch. 42, 1973, 42 ff. – P. Schmid – W. H. Zimmermann, Flögeln – Zur Struktur einer Siedlung des 1. bis 5. Jahrhunderts n. Chr. im Küstengebiet der südlichen Nordsee. Probleme d. Küstenforsch. im südl. Nordseegeb. 11 (1976; im Druck). – W. H. Zimmermann, A Roman Iron Age and Early Migration Settlement at Flögeln, Kr. Wesermünde. British Arch. Reports 6, 1974, 56 ff. – W. H. Zimmermann, Die eisenzeitlichen Ackerfluren – Typ „Celtic field" – von Flögeln-Haselhörn, Kr. Wesermünde. Probleme d. Küstenforsch. im südl. Nordseegeb. 11 (1976; im Druck). – W. H. Zimmermann, Ein Hortfund mit goldblechbelegter Plattenfibel und Goldarmreif vom Eekhöltjen, Gem. Flögeln (Niedersachsen). Germania 54, 1976. 1ff.

P. Schmid

Die Steinkiste von Flögeln, ein jungsteinzeitliches Grab der Einzelgrabkultur

Das Steinkistengrab von Flögeln ist an einem ausgebauten Feldwirtschaftsweg etwa 2,25 km westsüdwestlich der Kirche des Ortes in der Feldmark zwischen dem staatlichen Flögelner Holz und dem Interessentenforst Haselhörn gelegen. In weiter Heidelandschaft bildete das Grab noch um 1900 als mächtiger Hügel den Mittelpunkt eines unberührten großen Gräberfeldes. 1911 rückte aus östlicher Richtung vom Dorf Flögeln her die Kultivierung bis auf 25 m heran, wobei allein auf dem Nachbargrundstück mindestens 30 flache Grabhügel überpflügt wurden. Sie sind noch heute als helle

Flecken im Acker zu erkennen. Immer noch auftretende Scherben und verbrannte Knochen sowie Funde aus Notbergungen von Müller-Brauel und Bohls 1911 und 1926 beweisen, daß es sich hier um einen Friedhof der jüngeren Bronzezeit handelt.

Nach 1945 wurde auch die restliche Heide rund um die sieben großen Hügel kultiviert, wobei unmittelbar nördlich und westlich wieder 12 flache Grabhügel und im 500-m-Bereich weitere 12 Hügelgräber ohne Untersuchung verlorengingen. Die flachen Grabhügel des inneren Ringes um das Steinkistengrab konnten durch vereinzelte Urnenfunde als jungbronzezeitlich datiert werden, während die weiter entfernten nach Ausweis von Pfeilspitzen- und Scherbenfunden zum Teil als älterbronzezeitlich und jungsteinzeitlich eingestuft werden können. In diese Epochen gehören auch die sieben Hügel der Kerngruppe um den Steinkistenhügel. Auch sie fielen 1951 und 1957 bis auf zwei dem Wegebau und der Flurbereinigung zum Opfer.

Dieser Zerstörungsprozeß und der Fund einer Nachbestattung in dem größten und schon schwer beschädigten Hügel löste 1957 eine Notgrabung aus, die schließlich zur überraschenden Entdeckung der Steinkiste führte. Ausgeführt wurde die Untersuchung von einer Schülergruppe unter Leitung des Bederkesaer Ortsheimatpflegers Schieder.

Die Steinkiste war ursprünglich von einem 2,30 m hohen Hügel von 28 m Durchmesser bedeckt, der in Quadrantenmethode untersucht wurde. Dabei zeigte sich, exzentrisch im Hügel versetzt, eine kreisförmige Steinsetzung von 8,50 m Durchmesser. In der Mitte des Ringes aus großen Findlingen lag die Steinkiste, bestehend aus fünf z. T. kunstvoll gespaltenen plattenartigen Steinen und einem Deckstein. Sie war von einer Rollsteinpackung bedeckt, die sich über den südwestlichen Steinkranz hinwegzog. Die Steinkiste besaß noch einen zweiten inneren Kranz aus kopfgroßen Steinen.

Das sorgfältig mit Verkeilungen verschlossene Grab erwies sich nach Abheben des Decksteines als völlig ungestört. Im oberen Drittel bestand noch ein Hohlraum, während der untere Teil mit fein-

stem Sand gefüllt war. Trotz der geringen Innenmaße der Steinkiste
(1,45 m Länge, 0,94 m Breite und 0,52 m Höhe) zeigte sich der Lei-
chenschatten eines Erwachsenen in Hockerlage. Der Bestattete war
etwa 1,80 m groß. Er lag auf der linken Seite, mit dem Kopf am Süd-
ostende des Grabes, das Gesicht nach Südwesten gewandt. Den
Boden des Grabes bildete im wesentlichen eine 1,10 x 0,60 m große
Steinplatte.

Die Hoffnung auf eine datierende Beigabe im Grab selbst erfüllte
sich nicht, doch fanden sich außerhalb der Steinkiste einige fingernagelverzierte Scherben eines Riesenbechers. Sie entsprechen einer
Scherbe, die 1973 als jüngster Fund im Ganggrab 132 im Flögelner
Holz geborgen wurde. So liegt der Schluß nahe, daß die gegen Ende
der Jungsteinzeit einwandernden Träger der Einzelgrabkultur zunächst die Ganggräber der alteingesessenen Bevölkerung wiederbe-
nutzten, um dann später eigene Grabanlagen neuen Typs zu errich-
ten.

Die besten Parallelen zur spätneolithischen Steinkiste von Flögeln
findet man in Schleswig-Holstein und Jütland, wo sie wegen ihrer
geringen Größe sogar ,,Zwergkisten'' genannt werden. Dort sind
sie zuweilen nur knapp 1 m lang und 0,50 m breit, so daß der Tote
nur mit Mühe hineingezwängt werden konnte. Dort wie auch in
Flögeln gehört die Verwendung meisterhaft gespaltener Steine als
Baumaterial zu den typischen Merkmalen der Gräber der Einzelgrabkultur. Die neolithischen Steinkisten sind deutlich von jenen
der Periode II der älteren Bronzezeit, wie in Meckelstedt und Heerstedt, zu unterscheiden (vgl. S. 132 ff. und 188 ff.).

Die Steinkiste von Flögeln dürfte der Ausgangs- und Mittelpunkt
der vom Neolithikum bis weit in die vorrömische Eisenzeit um sie
herum entstandenen Nekropole gewesen sein. Um sie, die letzten
größeren Grabhügel daneben und die Reste einiger Flachhügel zu
erhalten, erwarb der Landkreis Wesermünde das betreffende
Grundstück. Ein Teil des ehemaligen Acker- und Sandgrubenge-
ländes wurde nach Restaurierung der Steinkiste am ,,Tag des Bau-
mes 1958'' von der Schule und Gemeinde Flögeln mit Eichen, Bir-

ken und Fichten bepflanzt. Die meisten Findlinge des Steinkranzes stehen unverrückt an ihrem ursprünglichen Platz, nur einige mußten wieder aufgerichtet oder in ihre alte Standspur gesetzt werden. Auch die Träger der Steinkiste wurden nicht bewegt. Dagegen dient die ehemalige Rollsteinpackung heute als Innenpflaster.

Literatur:
H. Aust, Die Steinkiste von Flögeln. Die Kunde N. F. 9, 1958, 142–145.

H. Aust

Die Großsteingräber Flögeln 131 und 132 am Vorgeschichtspfad Flögeln

Unmittelbar westlich der Straße Fickmühlen–Flögeln liegen im Staatsforst Flögelner Holz zwei Großsteingräber. Während die Kammer Flögeln 132 (Nummer der archäologischen Landesaufnahme) mit ihren stets sichtbaren Steinen schon immer bekannt war, wurde das Steingrab Flögeln 131 erst 1882 entdeckt, da es bis dahin unter einem Hügel verborgen war. Im 19. Jh., wahrscheinlich um 1860, diente das Grab 132 als Steinbruch, als auch der „Dansensteen", ein anderes Großsteingrab mit 4 Deck- und 18 Umfassungssteinen westlich des Dorfes Fickmühlen, und weitere zehn Steingräber in der benachbarten Feldmark Neuenwalde gesprengt und abgefahren wurden. Der größte Teil der Findlinge, die das Hünenbett um die Kammer 132 einfaßten, und zwei Decksteine verschwanden schon vor der ersten Untersuchung des Grabes 1898. Das Grab 131 unter dem Hügel öffnete 1882 der Leher Altertumssammler Scheper durch einen senkrechten Schacht bis zum Eingang. Er stieß auf eine sandgefüllte Kammer und fand beim „Umgraben" darin ein Beil und eine Speerspitze aus Feuerstein, tiefstichverzierte Scherben und wahrscheinlich eine Axt aus Felsgestein.

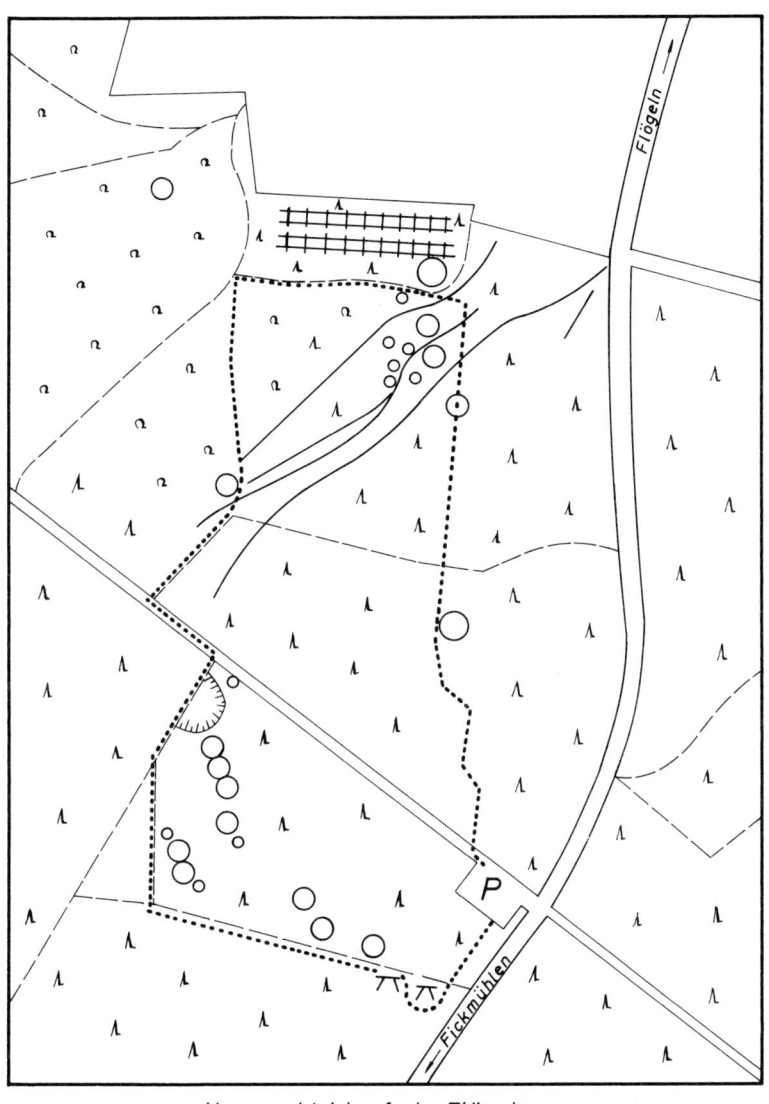

.... Vorgeschichtspfad Flögeln

𝘒 Großsteingrab   ⌒ Wegespur

O Grabhügel   ⌗⌗⌗ Altäcker

Der Vorgeschichtspfad Flögeln. M = 1:6000.   123

1898 untersuchte der Privatgelehrte Dr. Jan Bohls beide Steingräber und fand in der Kammer 131 weitere Scherben und eine gestielte Pfeilspitze aus Feuerstein sowie in der Kammer 132 ein Beil, drei querschneidige Pfeilspitzen und vier Klingen aus Feuerstein, Tiefstichscherben von mindestens zehn Gefäßen, Leichenbrand und ein Bronzeröllchen. Er ließ die Kammer unter dem Hügel mit einer Tür verschließen, doch wurde der trichterförmige Zugang um 1938 wegen ständiger Beschädigungen des Grabes wieder zugeschüttet.

Bei der Einrichtung eines 1,6 km langen Vorgeschichtspfades, der an 26 Hügelgräbern, mittelalterlichen Wegespuren und Hochäkkern vorbeiführt, restaurierte und untersuchte der Verfasser im Jahre 1973 mit den Grabungstechnikern Nast und Claussen in mehrmonatiger Arbeit beide Großsteingräber. Das Steingrab Flögeln 131 wurde durch einen schmalen Sektor wieder geöffnet, wobei ein Steinhaufen auf einer liegenden Felsplatte vor dem Eingang zum Vorschein kam. Darin lagen über 500 Scherben und 11 querschneidige Pfeilspitzen. Ein ähnlicher Befund wiederholte sich vor dem Eingang von Grab 132, wo sich – ebenfalls auf einer größeren Steinplatte unter Rollsteinen – eine rillenverzierte halbe Doppelaxt (,,hannoversche Art", nach Brandt Gruppe A der Doppeläxte), 30 querschneidige Pfeilspitzen, über 700 Kernsteine, Geräte und Abschläge aus Feuerstein und über 1100 Scherben fanden.

Die schon von Bohls untersuchte Kammer enthielt immer noch 83 Scherben, eine große querschneidige Pfeilspitze mit Schliff sowie Leichenbrand, darunter zwei menschliche Zähne; einer davon lag unter dem Steinpflaster. Der Westteil der Kammer war durch eine Wand senkrechter Platten nischenartig abgetrennt.

Während fast alle Funde der Trichterbecherkultur zugeordnet werden können, lieferten einige Riesenbecherscherben (darunter eine fingernagelverzierte wie aus dem 2 km entfernten Steinkistengrab) den Nachweis, daß die letzten Benutzer der Kammer der endneolithischen Einzelgrabkultur angehörten. Sie dürften den älteren Inhalt beider Gräber jeweils vor den Eingang geworfen und auch den Hügel über Kammer 131 aufgeschüttet haben.

Die Großsteingräber Flögeln 131 (rechts unter dem Erdhügel) und Flögeln 132
(links dahinter) am Vorgeschichtspfad Flögeln.

Die beiden nur 15 m voneinander entfernten Steinkammern gleichen einander in der Grundkonstruktion als nordische Ganggräber
– trotz ihrer Unterschiede als Rundhügel und Langbett. Ihre wichtigsten Maße und Merkmale sind:

Großsteingrab Flögeln 131: 4 m hoher Grabhügel, 29 m Durchmesser, äußerer Kranz aus kopfgroßen Steinen mit einzelnen größeren Findlingen dazwischen, Außenseite der Kammer im nicht ausgegrabenen Hügelteil wahrscheinlich mit einer Rundumpackung
aus Rollsteinen versehen; die innen 5,80 m lange und 2 m breite
Kammer besteht aus 10 Trägern und 5 Decksteinen und besitzt einen kurzen Gang aus 2 Trägern und 2 Decksteinen.

Großsteingrab Flögeln 132: Ehemaliges Hünenbett (Erdaufschüt-
tung bis zu den Decksteinen), rechteckig, 19 m lang, 8 m breit, mit
einst lückenloser Einfassung aus Findlingen (noch 17 vorhanden),
Kammer innen 8,60 m lang und 1,70 m breit; noch vorhanden 14
Träger und 4 Decksteine (2 weitere gesprengt), mit kurzem Gang
aus 4 Trägern und 2 Decksteinen.

Literatur:
J. Bohls, Über einige Steinkammergräber des Kreises Lehe. Jahrb. Männer Morgenstern 1, 1898, 97–109. – H. Aust, Der „Vorgeschichtspfad Flögeln". Niederdt. Heimatbl. 284, 1973. – H. Aust, Kreis Wesermünde und Kreis Land Hadeln. B 150: Größere Fundbergungen und Ausgrabungen. Flögeln, Kr. Wesermünde. Nachr. d. Marschenrates z. Förderung d. Forschung im Küstengeb. d. Nordsee 10, 1973, 27–29. – H. Aust, Der „Vorgeschichtspfad Flögeln". Nachr. Niedersachs. Urgesch. 42, 1973, 385–391.

H. Aust

Bederkesa

Der Flecken Bederkesa ist 1976 – mit den eingemeindeten Ortsteilen Ankelohe und Fickmühlen – 4000 Einwohner groß und Sitz der gleichnamigen Samtgemeinde mit 11000 Einwohnern. Der Ort liegt am Hang einer 30 Meter hohen Geestkuppe am Westufer des 250 Hektar großen Bederkesaer Sees. Dieser gehört zu einer Kette flacher Moorrandseen und bildet die Südspitze der Hadeler Bucht, die von den saaleeiszeitlichen Moränen Hohe Lieth und Wingst/Lamstedter Geest eingefaßt wird und mit nacheiszeitlichen Mooren und Marschablagerungen ausgefüllt ist. Wegen seiner reizvollen Lage zwischen Hügeln, Wald und Wasser ist Bederkesa ein vielbesuchter Erholungs- und Ferienort mit entsprechenden Freizeiteinrichtungen (darunter der „Vorgeschichtspfad Flögeln").

Vorgeschichtliche Funde aus der Feldmark Bederkesa liegen seit der Jungsteinzeit in stattlicher Zahl vor. Felsäxte und Feuersteinbeile fanden sich in mehreren Exemplaren und Varianten, außerdem eine Felshacke und verschiedene Meißel, Dolche, Speer- und Pfeilspitzen aus Feuerstein, letztere schon bronzezeitlich. Während in den Nachbargemeinden Flögeln, Drangstedt, Steinau und Meckelstedt noch Großsteingräber erhalten blieben, wurden sie um den Ort Bederkesa durch dessen größeren Bedarf an Baumaterial schon recht früh abgeräumt. Vereinzelte Hügelgräber sind jedoch in den ortsnahen Gehölzen noch vorhanden. Aus solchen stammen einige Bronzen, darunter eine schlanke Dolchklinge.

1858 und um 1880 wurden im Ortsteil Fickmühlen aus Grabhügeln zwei wohl bronzezeitliche Goldspiralen geborgen, von denen eine noch im Landesmuseum Hannover liegt, während die andere durch „Umtausch" bei einem Juwelier verlorenging.

Zahl und Art der bekannten Urnenfriedhöfe in und um Bederkesa entsprechen dem üblichen Bild im Elbe-Weser-Dreieck: jungbronzezeitliche Nachbestattungen in Grabhügeln und mehrere kleinere Gräberfelder der jüngeren Bronzezeit. Wie verschiedene Jastorfgefäße beweisen, wurde auf einem dieser Urnenfriedhöfe, nämlich dem an der Schäferei beiderseits der Kührstedter Straße, weit bis in die ältere Eisenzeit bestattet. 1896 wurde beim Bahnbau ein größeres Gräberfeld zerstört, das wohl kaiser- bis völkerwanderungszeitlich war.

Neben verschiedenen Funden mittelalterlicher und frühneuzeitlicher Münzen verdienen zwei antike Münzfunde Erwähnung. Aus Bederkesa stammt eine Goldmünze, ein Solidus Kaiser Valentinians I. (um 375), und im Bereich des Gutshofes Valenbrook fand man 1836 ein vergrabenes Gefäß mit mindestens 47 römischen Münzen, besonders Denaren Trajans und Hadrians, aber auch solchen von sieben weiteren Kaisern (Mitte 2. Jh.).

Durch die archäologische Landesaufnahme konnten nicht nur die Siedlungen zu den Gräbern von der Jungsteinzeit bis zur Völkerwanderung lokalisiert werden, sondern darüber hinaus verschiedene Siedlungen, zu denen noch die Friedhöfe fehlen. Aus den Mooren um Bederkesa stammen eine Bronzelanzenspitze, ein noch nicht datierter Knüppelweg und Gefäße und Scherben verschiedener Zeitalter. Solche wurden auch an verschiedenen Stellen aus dem Moorgrund des Bederkesaer Sees geborgen, der bisher auch drei Einbäume und ein eisernes Schwert des 10. Jhs. freigab.

Noch völlig unerforscht ist die mächtige Wallanlage im Staatsforst Holzurburg am nördlichen Seeufer (der Flurname bedeutet „Holz zur Burg" und nicht „Holz-Urburg"). Schuchhardt beschreibt in seinem Atlas den namenlosen Ringwall (Nr. 142 unter der unrichtigen Bezeichnung „Die Holzurburg") als „ungefähres Rechteck

von rund 150 x 70 m, . . . von doppeltem Wall und Graben um-
wehrt". Im Süden grenzte der noch 2,20 Meter hohe Wall einstmals
ans Seeufer. Ein schneckenförmiger Wall innerhalb des Südteils der
Burg läßt sich ebensowenig deuten wie ein hakenförmiger, unmoti-
viert endender Vorwall 30 bis 50 Meter im Westen und Norden und
eine zweite, niedrigere ringförmige Umwallung 250 Meter nordöstlich der Burg.

Bisher halten alle Kenner nordwestdeutscher Ringwälle Schuchhardts Aussage für richtig, die Burg in Holzurburg sei den „Burg-
formen bis zum 8. und 9. Jahrhundert fremd" und werde „wohl
den uns recht dunklen der folgenden Jahrhunderte angehören".
Unbewiesen und unbegründet bleibt dagegen seine seither vielmals
nachgedruckte Ansicht, in dem Wall dürfe man „die Vorläuferin
der heute noch am Rande von Bederkesa, am Westufer des Sees erhaltenen mittelalterlichen Burg sehen". Ist ein Zusammenhang zwischen beiden Anlagen auch nicht ausgeschlossen, so ergibt sich bisher kein einziger Anhalt für ein Nacheinander. Diese Frage und das
Alter beider Objekte lassen sich nur noch durch Grabungen ermitteln. Der Stand der Mittelalterforschung hat sich in dieser Bezie-
hung seit Schuchhardts Zeiten noch nicht geändert, doch sind durch
das Forschungsprogramm Flögeln und die jüngste Entwicklung auf
der Burg Bederkesa erstmals Chancen und Ansätze vorhanden,
diese Fragen zu klären.

Die historische Forschung hat sich vielfach mit dem bedeutenden
mittelalterlichen Herrengeschlecht der altadeligen Ritter von Bederkesa beschäftigt, das sich urkundlich bis ins 12. Jh. zurückver-
folgen läßt. Der eigentümliche Name Bederkesa ist in 15 verschiedenen Formen überliefert, doch kann er nicht befriedigend erklärt
werden. Etymologen vermuten einen – nicht belegten – Namen Be-
derich darin und meinen, von den beiden älteren überlieferten Formen ableiten zu können: „Bederekes a" = Bederichs Sitz am oder
im Wasser oder „Bederikes ha" = Bederichs Sitz an oder auf der
Höhe.

Ihre größte Macht übten die Ritter von Bederkesa, die als Ministerialen der bremischen Erzbischöfe vielfach hohe Ämter im Erzstift bekleideten, im 12. und 13. Jh. aus. Dann begann durch Teilung der Familie in viele Seitenlinien, immer neuen Verkauf von Rechten und Anteilen an Burg und Herrschaft der Niedergang, der mit dem Aussterben um 1500 endete.

Über die frühe Geschichte der gewiß auch schon vor 1100 nicht unbedeutenden Herren von Bederkesa, insbesondere über ihre Herkunft, Anfänge und Beziehungen zu Sievern und möglicherweise zur dortigen Pipinsburg, gibt es bisher nur Vermutungen. Auf solche Zusammenhänge deuten jedenfalls noch spätere Aktivitäten der Bederkesaer Ritter hin, die 1343/44 die schon bald wieder zerstörte – mit der Pipinsburg nicht identische – Siverdesburg in Sievern errichteten. Zu dieser Zeit gab es in Bederkesa (1321) schon zwei feste Häuser, 1357 wird eine untere Burg erwähnt. Zwar weiß man nichts über Größe und Art dieses Bauwerks, doch lag es auf einer künstlichen Insel im See. Diese muß spätestens im 12. Jh. als Motte errichtet worden sein und entsprach ganz der gleichaltrigen Dornburg der benachbarten und verwandten Herren von Vlogelingen im Flögelner See.

Blieb die noch heute als Insel erhaltene Dornburg nach Aussterben der Flögelner Ritter (1376) in ihrer Entwicklung stecken, so bauten die Herren von Bederkesa ihre ursprüngliche Fluchtanlage im See immer weiter zur Wasserburg als Dauerwohnsitz aus. Der urkundlich letztgenannte männliche Vertreter der einst so mächtigen Familie, Arnd von Bederkesa, verpfändete 1473 sein Burglehen an den Rat der Stadt Bremen, der sich schon ein Jahrhundert früher, wie auch der Erzbischof und der Herzog von Sachsen-Lauenburg, Anteile an dem Burgbesitz gesichert hatte. Bremen, schließlich im Alleinbesitz der gesamten Herrschaft Bederkesa, baute die Burg Bederkesa zum Verwaltungszentrum des gleichnamigen Amtes aus. Aus der bremischen Zeit stammt der Roland, der um 1600 als Brunnenfigur mit den Wappen verschiedener Bremer Drosten aufgestellt wurde und nach mehreren Standortwechseln seit 1953 einstweilen neben der Kirche Platz fand.

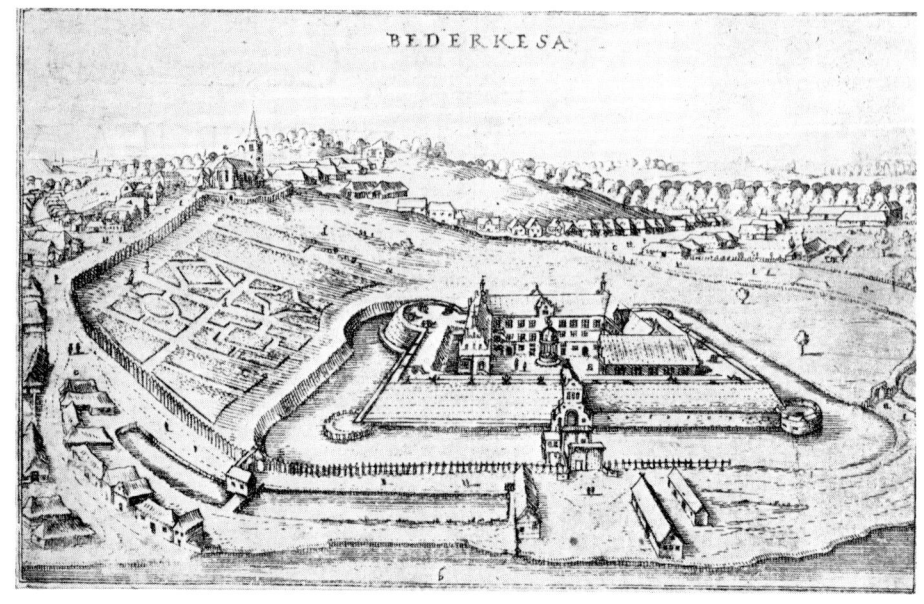

Ansicht von Bederkesa mit der Wasserburg nach W. Dilich (1604).

1536 erhielt die Burg endgültig ihre dreiflügelige Gestalt, die ein bekannter Kupferstich von Wilhelm Dilich 1604 eindrucksvoll wiedergibt. 1654 belagerte und eroberte der schwedische Generalgouverneur von Stade, Hans Christoph von Königsmarck, die Burg, entfestigte sie und benutzte das Schloß als Familienwohnsitz. 1735 erwarb die Regierung in Hannover das Schloß und benutzte es bis 1859 als Amtssitz. Von 1879 bis 1975 wurde es von privaten Eigentümern als Gaststätte und Hotel bewirtschaftet. Um die immer mehr verfallende Burg als historisches Baudenkmal zu retten, kaufte sie der Landkreis Wesermünde 1975. Im gleichen Jahre begann ein langfristiges Sanierungsprogramm zum Wiederaufbau der Burg mit Ausgrabungen in und an dem Gebäude, wobei außer dem Sockel eines 1612 erbauten Turms mit erhaltenem Verlies auch ein

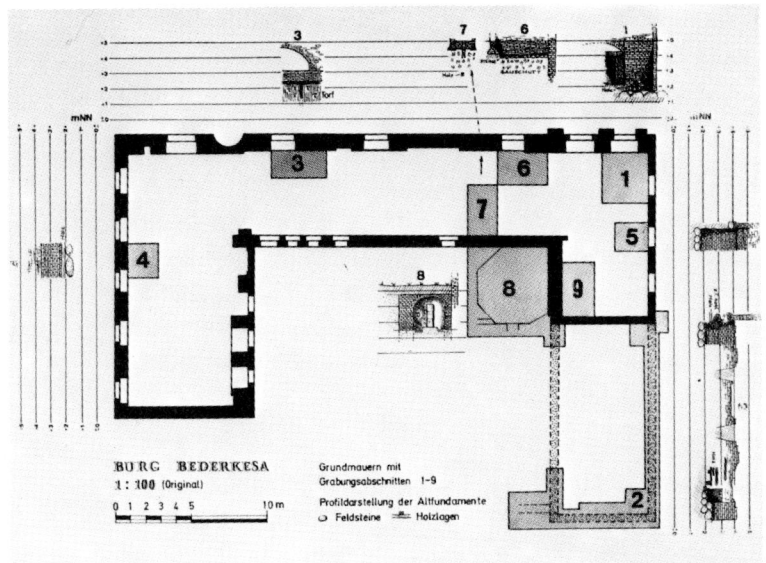

Grundriß der Burg Bederkesa mit Lage der Grabungsschnitte.

unbekanntes Untergeschoß und die Grundmauern des Nordflügels freigelegt wurden, der um 1750 abgerissen worden war.

Die Grabungen von 1975 lieferten die fehlenden Kenntnisse zur nachmittelalterlichen Baugeschichte der Burg Bederkesa, die Bezirkskonservator v. Osterhausen erstmals im Überblick publizierte. Ein Bohrprogramm gab Aufschluß über die künstlichen Aufschüttungen des Burghügels, dessen Ausmaße im Endausbau im Durchschnitt 4 m Höhe und 70 m Durchmesser erreichten. Untersuchungen zur älteren Baugeschichte, insbesondere der Kernmotte, stehen noch aus.

Der Ort Bederkesa, dessen Anfänge wie die der Burg noch unbekannt sind, entwickelte sich schon im Mittelalter zu einer beachtlichen Handwerkersiedlung mit regem Wirtschaftsleben und stadtähnlicher Funktion für ein weites bäuerliches Umland. Unter den vielen ansässigen Gewerben verdienen das jahrhundertelang florierende Brauwesen und die Töpferei besondere Beachtung. In Bederkesa entwickelte sich eine Sonderform des niedersächsischen dreischiffigen Hallenhauses, das sog. Ackerbürgerhaus. Heute wohnen fast alle Landwirte außerhalb des Ortes in der flurbereinigten Feldmark in Aussiedlerhöfen.

Zu den Baudenkmälern gehört schließlich die historische Gaststätte „Waldschlößchen-Bösehof", 1826 als Mustergut von dem vielseitigen Bremer Zuckerfabrikanten Heinrich Böse erbaut, der als Gründer eines eigenen Freikorps 1813/15, als Gastgeber des verfolgten Dichters Hoffmann von Fallersleben und als Initiator des Hadeler Kanals weithin bekannt wurde.

Literatur:
Burg Bederkesa. Schriftenreihe d. Burggesellschaft Bederkesa 1 (1976).

H. Aust

Die bronzezeitliche Steinkiste von Meckelstedt

Nördlich des Dorfes Meckelstedt, Kr. Wesermünde, liegt noch heute der Rest einer Hügelgräberreihe, die nach einer Zählung von H. Müller-Brauel 1893 noch aus über 30 unbeschädigten Gräbern bestand. Kurz vor der Jahrhundertwende traten bei der Kultivierung große Verluste ein: 1893-1896 wurden hier nicht nur mehrere Hügel, sondern auch drei Großsteingräber zerstört.

Die Gräberkette säumt einen uralten Heerweg, der vom Westen von der Hohen Lieth heranführt und als letztes Denkmal der Gräberreihe die Steinkiste von Meckelstedt passiert, bevor er weiter östlich in das riesige Lange Moor eintaucht, das die Geest am Südrand der Hadeler Bucht von der Lamstedter Geest trennt. Seit langem ist bekannt, daß der Heerweg mindestens seit der älteren Bronzezeit im Moor seine Fortsetzung fand, da im Torf verschiedene Bohlenwege gefunden wurden und immer noch liegen. Einige wur-

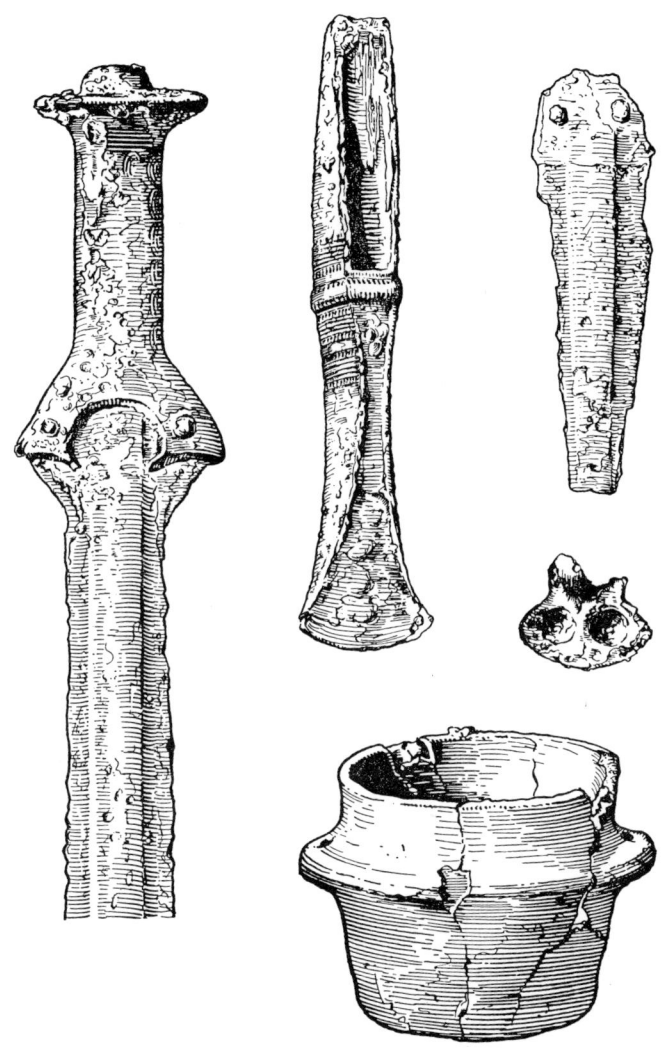

Meckelstedt, Kr. Wesermünde. Die Funde aus dem bronzezeitlichen Männergrab.
Landesmus. Hannover. M = 1:2 (nach K. H. Jacob-Friesen).

den näher untersucht, von denen ein Teil in die ältere Bronzezeit datiert werden konnte.

1896 öffnete man wieder einen Hügel und stieß unter einer Steinpackung auf die schmale Öffnung einer aus Platten und Findlingen bestehenden Steinkiste. Ein Junge kroch in das Grab und reichte ein Schwert, ein Beil und einen Dolch aus Bronze, ein Tongefäß und einen Menschenschädel heraus. Kurz danach setzte um die in den Besitz der Realgemeinde gelangten Funde ein grotesker Konkurrenzkampf mehrerer staatlicher und privater Interessenten ein, den schließlich das Provinzial-Museum Hannover mit dem höchsten Angebot (200 Mark) gewann. Noch heute zählt der Inhalt der Steinkiste von Meckelstedt zu den bedeutendsten bronzezeitlichen Grabfunden im Niedersächsischen Landesmuseum Hannover. Sprockhoff hob schließlich im November 1927 vor der Steinkiste als Lesefund ein Bronzestück auf, das er für den bandförmigen Bügel einer „frühen" Fibel hielt.

Der Fundverband besteht aus einem 67 cm langen Vollgriffschwert vom Donautyp mit achtkantigem Griff, einem 11,3 cm langen Dolch mit rundlicher Kopfplatte, zwei Pflocknieten und Buckelortband, einem 17 cm langen verzierten Absatzbeil vom nordischen Typus, einem 6,5 cm hohen, geradwandigen Gefäß mit umlaufender und zweimal senkrecht durchlochter Rippe. Die Steinkiste von Meckelstedt stammt aus der Periode II der Bronzezeit. Sie ist mit ihren sieben Trägern und fünf Deckplatten sowie einem Teil der Steinpackung und des Hügels bis heute erhalten.

H. Aust

Das älterbronzezeitliche Hügelgrab Debstedt 75

Im September 1949 wurde in der Feldmark Debstedt, Kr. Wesermünde, ein 3,50 m hoher Grabhügel, der schon 1945 etwa zur Hälfte abgetragen worden war, von dem Besitzer weiter abgefah-

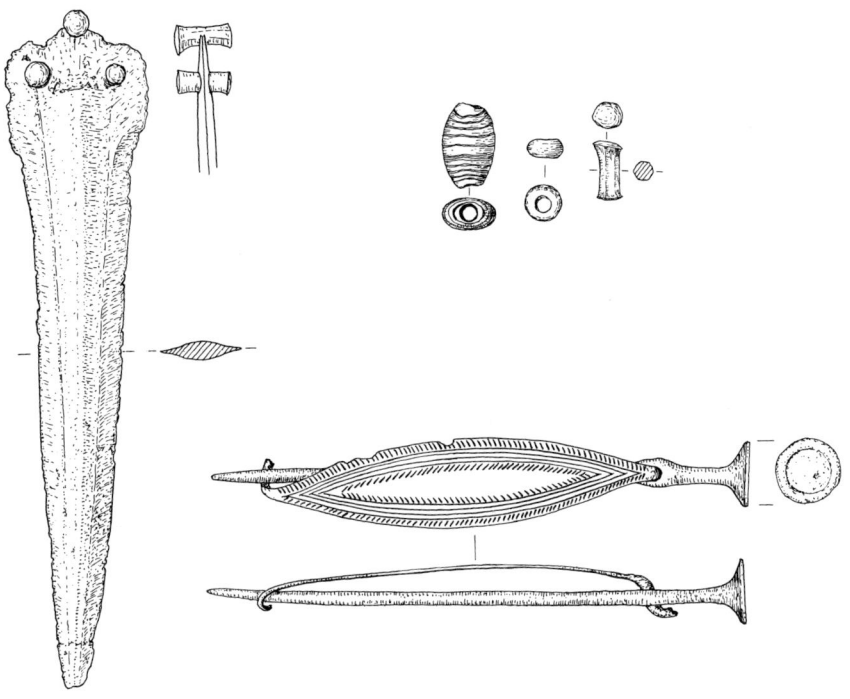

Die Beigaben aus dem Hügelgrab Debstedt 75, Ldkr. Wesermünde. Zentralmagazin des Ldkr. Wesermünde. M = 1 : 2.

ren. Als der Verfasser feststellte, daß dabei in der Hügelmitte eine Steinpackung angeschnitten, aber nicht zerstört wurde, untersuchte er das Hügelgrab.

In einem 3 m breiten und 6 m langen Schnitt, der von Osten in den Hügelrand gelegt wurde, zeigte sich ein 3 m breiter Kranz aus faust- bis kopfgroßen Steinen. Ob er den ganzen Hügel, dessen Durch- messer 28 m betrug, einfaßte, konnte nicht verfolgt werden, doch dürften die vielen in dem schon abgetragenen Teil des Hügels ange- troffenen Rollsteine eher aus dem Steinkranz als etwa aus einem zer- störten randlich gelegenen Grabe stammen.

Von der Hügelmitte aus erstreckte sich eine 1,8 m mächtige Steinpackung von 4 m Länge und 1,5 m Breite in nordwestlicher Richtung. Sie bedeckte eine annähernd rechteckige Einfassung von innen 1,8 m Länge und 1,1 m Breite aus kopf- und eimergroßen Steinen, die mit der flachen Seite nach innen versetzt waren. Wie ein 20 cm langer Span inkohlten Holzes zeigt, muß in dieser Einfassung ein Baumsarg gestanden haben. Unter dem Span fand sich ein Streifen helleren Sandes, der unten in den ungestörten grausandigen Mutterboden überging.

Etwa 0,7 m über der alten Oberfläche lagen zwischen den Steinen der Packung in einem 20 cm langen dünnen ovalen Fleck grauschwarzen Bodens Knochenreste und der weidenblattförmige Bügel einer Fibel; die zerbrochene Fibelnadel, eine kleine blaue Glasperle, drei Bronzeklümpchen, eine geäderte größere Glasperle, ein Bronzeniet und eine Dolchklinge wurden jeweils in geringem Abstand voneinander außerhalb des Ovals in derselben Tiefe gefunden.

In dem 1951 veröffentlichten Bericht sprach der Verfasser, für den dies die erste selbständige Ausgrabung war, den Befund als eine sekundäre Brandbestattung an. Diese Interpretation bedarf der Richtigstellung. Aufgrund ähnlicher Funde in den Jahren seither läßt sich nämlich sagen, daß die Knochenreste nicht dem Feuer ausgesetzt waren und daher nicht zu einer sekundären Brandbestattung gehören, sondern wahrscheinlich zu der ursprünglichen Skelettbestattung im Baumsarg; dasselbe gilt für die Beigaben. Die Steinanhäufung darunter kann vom Sargunterlager und von den Steinen stammen, die nach dem Vergehen des Baumsarges in den Hohlraum gesunken sind. Der erwähnte Holzspan, der ja unterhalb der Steinpackung im helleren Sand der Steineinfassung lag, wird nicht vom Deckel des Baumsarges stammen, sondern von dessen Boden.

Die beobachteten feinen Knochenstückchen in der grauschwarz gefärbten Schicht dürften die Schädelreste einer Frau gewesen sein. Dafür spricht der von H. Piesker im Lüneburger Raum in mindestens elf Fällen nachgewiesene Befund, daß Fibeln am Kopf der

Bestatteten angeordnet waren. Der weidenblattförmige, strichverzierte Bügel der zweigliedrigen Debstedter Fibel lag inmitten des beschriebenen Ovals mit den Knochen, die in vier Teile zerbrochene Nadel 5 cm daneben. In jeweils weiteren 5 cm Entfernung kamen die übrigen Funde zutage. Sie lagen alle in der gleichen Schicht, und an ihrer Zusammengehörigkeit als geschlossener Fund gibt es keinen Zweifel. Der Kopf der Toten war nach Westen gerichtet. Daß es sich um eine Frauenbestattung handelt, ist nach dem Fundverband wahrscheinlich, auch wenn der Dolch üblicherweise zur Männerausstattung zählt und nach Piesker in den Lüneburger Frauengräbern „die Mitgabe eines Dolches zu den Seltenheiten gehört". Jedenfalls fand man – nach K. Kersten – im nordischen Kreis Glasperlen bisher ausschließlich in Frauengräbern.

Die zweigliedrige Debstedter Fibel mit dem 10,2 cm langen weidenblattförmigen Bügel ist eine Form der „nordischen Urfibel", die im Bereich des Lüneburger Kreises mit Spiralen an den Bügelenden vorkommt. Die beiden Glasperlen – insbesondere die große mandelförmige – stellen für den älterbronzezeitlichen Norden, wo man zu dieser Zeit noch kein Glasschmelzverfahren kannte, eine Besonderheit dar. Sie sind – nach H.-J. Hundt und W. Wegewitz – seltene Importstücke aus Ägypten.

Der 17,5 cm lange Dolch, dessen Griff aus organischem Material vergangen ist, gehört zu den sogenannten Sögel-Klingen. An der rundlichen Kopfplatte saßen ursprünglich fünf Pflockniete.

Das Debstedter Grab ist somit in Periode II der Bronzezeit zu datieren. Es gehört zu einer Gruppe von Fundverbänden mit Dolchen bzw. Kurzschwertern aus Grabhügeln dieser Zeit, die bisher in der Literatur nicht behandelt wurden und daher hier zusammengestellt seien:

Sievern 130 (1971): Fünf Körpergräber auf gleichem Niveau; im Zentralgrab Schwert mit verzierter Griffplatte, in einem Randgrab Reste zweier Dolchklingen und ein Flintbohrer, in einem anderen ein zerbrochenes Gefäß der Kümmerkeramik. –

Lintig 8 (1971): Zweiperiodenhügel mit zwei Steinkränzen; im Un-

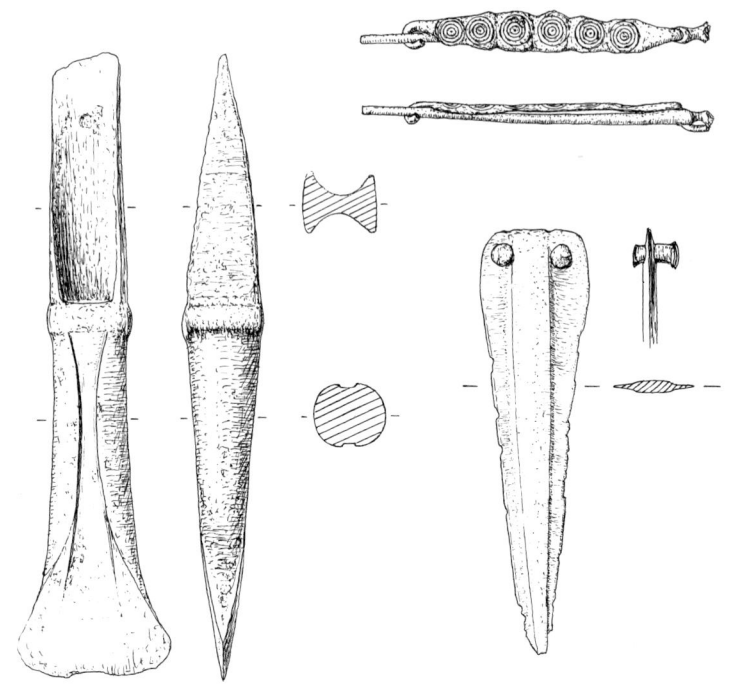

Die Beigaben aus dem Hügelgrab Lintig 8, Ldkr. Wesermünde. Zentralmagazin des Ldkr. Wesermünde. M = 1 : 2.

tergrab keine Beigaben, im Obergrab 11,2 cm lange Dolchklinge mit gerader Kopfplatte und zwei Pflocknieten, nordisches Absatz- beil mit Randleistenspuren am Bahn-Unterteil, zweigliedrige Fibel mit kreisverziertem Bandbügel und gestielte Flintpfeilspitze. – Heerstedt 11 (1938): echte Sögel-Klinge mit gerundeter Kopf- platte. – Nindorf, Galgenberg (1890): Dolch mit runder Kopfplatte, zwei Pflocknieten, breiter Mittelrippe und Zierlinien, schlankes nordi- sches Absatzbeil, Griffzungenschwert, Riemenbuckel und gedreh- ter goldener Armring. –

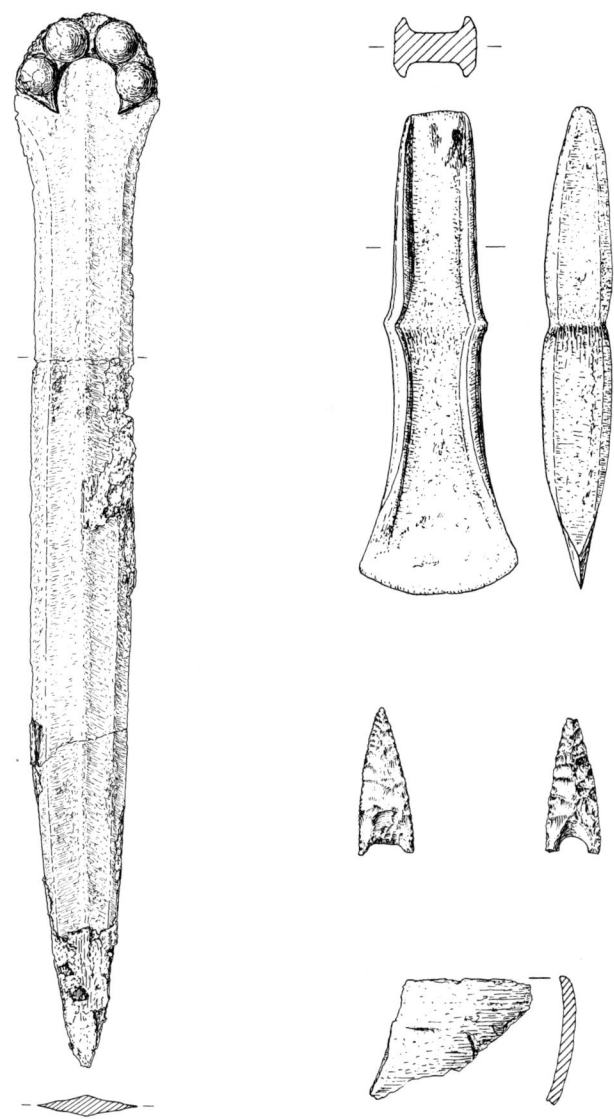

Die Beigaben aus dem Hügelgrab Heine 34, Ldkr. Wesermünde. Zentralmagazin des Ldkr. Wesermünde. Schwert M = 1:3, sonst M = 1:2.

Heine 34 (1967): Kurzschwert vom Typ Sögel mit runder Griffplatte und vier Hutnieten, geknicktes Randleistenbeil, zwei geflügelte Pfeilspitzen und Becher. –
Diesen Fundverbänden, die J. Bergmann als ,,sögelzeitlich'' (späte
Periode I bis frühe Periode II) bezeichnen würde, können zwei weitere mit Kurzschwertern anderen Typs angeschlossen werden:
Beverstedt 90-95 (genaue Zugehörigkeit unbekannt; im 19. Jh. zerstört): Kurzschwert mit langgezogen trapezoider Griffplatte und
vier Nieten. –
Nordholz 20-22 (genaue Zugehörigkeit unsicher; Notbergung
1943): Kurzschwert ähnlich dem vorigen, durchbohrte Schwell-
halsnadel und gezähnte Flintspeerspitze.
Diese Schwerter würden von W. Nowothnig und J. Bergmann
nicht als Typ Wohlde, sondern als ,,wohldeähnlich'' bezeichnet
werden. Sie gehören in dieselbe Zeit wie die Sögel-Klingen.
Die acht Dolch- bzw. Kurzschwertgräber bereichern den ,,sögel-
zeitlichen'' Fundbestand in Norddeutschland nicht unwesentlich.

Literatur:
H. Aust, Ein bronzezeitliches Hügelgrab bei Debstedt. Jahrb. Männer Morgenstern
32, 1951, 92-100.

H. Aust

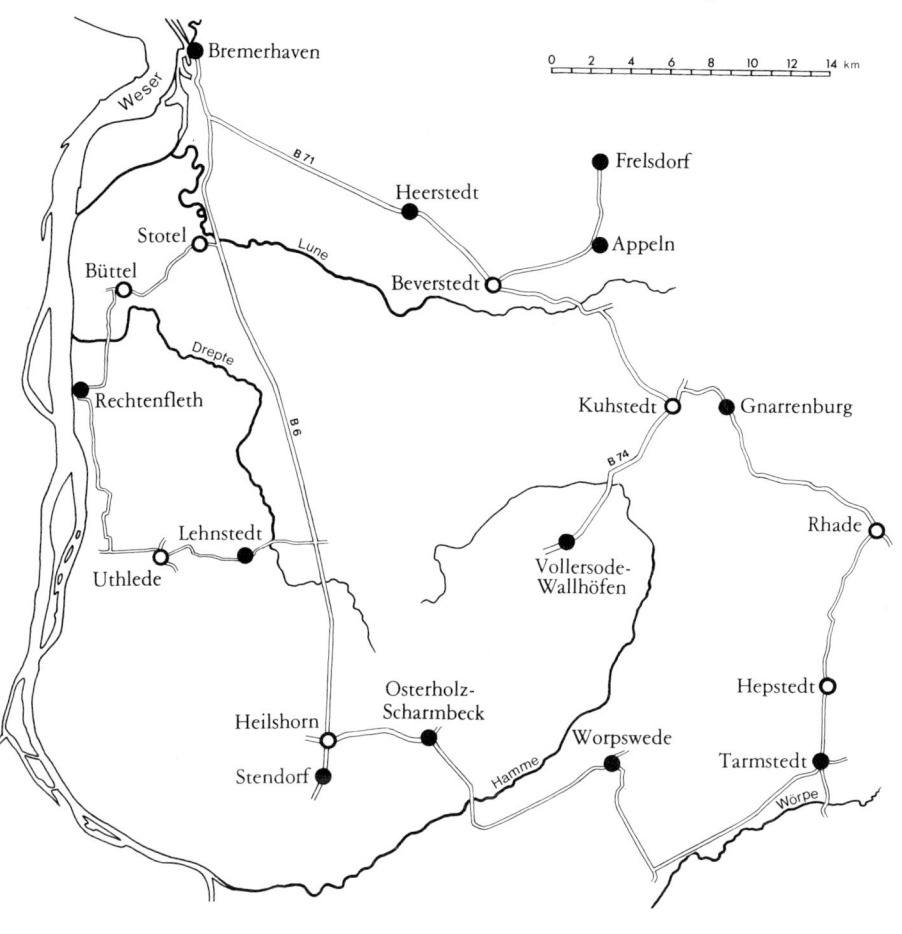

II. EXKURSION:
OSTERHOLZ-SCHARMBECK –
WORPSWEDE – GNARRENBURG

Das Allmers-Heim in Rechtenfleth

Rechtenfleth, ein kleines Marschendorf an der Weser im Landkreise Wesermünde 25 km südlich von Bremerhaven, nennt ein Denkmal, ein Dichterheim mit reichen Sammlungen sein eigen, wie es in so geschlossener Form als Spiegelbild seiner Zeit weithin nicht so bald noch einmal zu finden sein wird. Das Dorf sah sich in der zweiten Hälfte des letzten Jahrhunderts unversehens in den Mittelpunkt eines einmaligen geselligen und kulturellen Lebens gestellt. Künstler, Literaten, Wissenschaftler kamen in dies abseits vom Verkehr gelegene Fleckchen Erde, um geistvolle Gespräche mit einem Mann zu führen, der sich in kurzer Zeit als Sproß einer alteingesessenen Bauernfamilie durch seine Schriften und Gedichte weit über seine engere Heimat hinaus einen Namen gemacht hatte: Hermann Allmers.

1821 als einziger Sohn und Hoferbe eines gutsituierten und geistig regen Bauernehepaares geboren, fesselte ihn jedoch mehr ,,die große Welt": die Antike, die Geschichte, die Welt der Dichter, Künstler und Gelehrten. Er nutzte die erste Gelegenheit, die ihm sein Vater bot, ,,diese große Welt" kennen zu lernen. Sein Weg führte ihn durch Mittel- und Süddeutschland, Österreich bis Oberitalien. Nach dem Tode seiner Eltern konnte der Sohn sich seinen Lieblingswunsch erfüllen, eine Reise nach Rom mit einem fast 1 1/2jährigen Aufenthalt. Die Begegnung mit der Antike und der Verkehr in den Künstlerkreisen dort waren bestimmend für seinen ferneren Lebensweg. Fernweh und Heimweh ließen ihn nicht mehr los.

Diese Vorgeschichte muß man kennen, will man die Um- und Neugestaltung seines Elternhauses verstehen. Nach seiner Rückkehr aus Rom fügte Allmers dem altniedersächsischen rethgedeckten Bauernhaus einen zweistöckigen Querbau als Wohnteil an, von dessen Obergeschoß sich ihm ein freier Blick auf die dicht hinter dem Deich vorüberfließende Weser mit dem reichen Schiffsverkehr bot. Das Flett des alten Wohnhauses wurde eine Wohnhalle mit offenem

Das Allmers-Haus in Rechtenfleth.

Kamin, ausgestattet mit altem Gerät und schönen Bauernmöbeln. Neben der Seiteneingangstür ließ ein verbleites Fenster mit dem alten Familienwappen ein gedämpftes Tageslicht in die Halle, von der gegenüberliegenden Wand grüßte den Eintretenden ein auf Goldgrund gemaltes lebensgroßes Bild Kaiser Karls des Großen, den Allmers als Kulturbringer so sehr verehrte und von dem er annahm, daß er auf seinen Sachsenzügen bei Rechtenfleth die Weser überschritten habe.

Hauptteil im Erdgeschoß des Anbaus wurde neben seinen kleinen Arbeits- und Schlafzimmern ein „Römischer Saal" im pompejanischen Stil, dazu bestimmt, die mannigfachen Erinnerungsstücke seiner Romreise aufzunehmen. Die Decke, von Arthur Fitger (Bremen) gemalt, gibt Bilder aus der griechischen Götter- und Mythenwelt wieder. Ihm entspricht im Obergeschoß der „Marschensaal", auf dessen Ausgestaltung Allmers besonderen Wert gelegt hat. Namhafte Maler – Freunde des Dichters, neben Fitger Freiherr v. Dörnberg, Knille und Küsthardt – haben daran mitgewirkt. Der unter der farbigen Kassettendecke entlanglaufende Fries verdeutlicht die Entwicklung der Marschen vom primitiven Fischerleben über den Bau der Deiche, die Sturmfluten, bis zum „Gegenwartsbild" des Landes z. Zt. von Allmers. Unter dem Fries historische Wandbilder zur deutschen Geschichte und Kultur, von Wotans wilder Jagd bis zum Erwachen Barbarossas im Kyffhäuser. Neben einer alten plattdeutschen Bibel von Bugenhagen aus dem Jahre 1578 findet sich hier auch die Totenmaske des Naturphilosophen Haeckel, mit dem Allmers durch viele Jahre eng verbunden war. Reichen Schmuck weisen auch die weiteren Räume des Obergeschosses, ein Erkerzimmer – dem Erkerzimmer der Wartburg nachgebildet – und ein Gastzimmer, auf.

Der Garten, von der Dorfstraße aus über eine kleine Zugbrücke, die über einen breiten Entwässerungsgraben führt, zugänglich, ist in gleicher Weise kunstgerecht angelegt; der italienische Einfluß ist nicht zu verkennen. Neben einer Pergola finden sich Bildwerke und Hermen mit Widmungsversen des Dichters, darunter eine Herme des Windgottes Äolus, der mahnt, die Deiche in Ordnung zu halten, und dicht vor dem Querhaus je eine römische und germanische Kindergruppe bei ihren typischen Spielen von Calandrelli aus Italien. Neben der Eingangstür zur Wohnhalle steht eine mehrhundertjährige Eibe. Aus einer Eckwandnische grüßt eine Skulptur des Bischofs Willehad aus Bremen, des „Apostels des Nordens", mit Hirtenstab die Besucher. Auf dem weiten Rasen gegenüber dem Seiteneingang zieht die von Haro Magnussen geschaffene ausdrucksvolle Bronzebüste des „Marschendichters" die Augen aller Eintretenden auf sich.

E. Klemeyer

Das Großsteingrab Lehnstedt 82

Im Ort Lehnstedt, Kreis Wesermünde, und in einem Bereich bis zu 3 km südlich davon liegen noch heute sieben mehr oder weniger beschädigte Großsteingräber (eines davon, das sogenannte Meyenburger, unmittelbar südlich der Kreisgrenze im Kreis Osterholz). Allein vier der Gräber finden sich in dem großen Waldgebiet Düngel, davon zwei im Staatsforst unweit der Försterei Düngel. Sie tragen – nach den laufenden Nummern der archäologischen Landesaufnahme – die Bezeichnungen Lehnstedt 82 und 83 und wurden im Band 2 (1965) dieser Führerreihe versehentlich als ,,heute verschwunden" bezeichnet. Sprockhoff beschreibt sie im ,,Atlas der Megalithgräber Deutschlands", Teil 3, unter den Nummern 624 und 623.

Nachdem J. Deichmüller 1971/72 das Grab Lehnstedt 83 am heutigen ,,Vorgeschichtspfad Düngel" untersuchte und restaurierte, stellte der Verfasser 1975 die an einem vielbesuchten Waldlehrpfad gelegene Steinkammer Lehnstedt 82 wieder her (300 Meter nordwestlich des Forsthauses).

Beide Großsteingräber sind mit Innenlängen von 9,30 m (83) und 11,20 m (82) Vertreter eines Typs, der sonst nur westlich der Weser zu finden ist und sich von den in der Regel kürzeren nordischen Kammern mit ihren rechteckigen Einfassungen deutlich unterscheidet. Die Zugehörigkeit zur westlichen Großsteingrabkultur wird durch die langovalen Einfassungen aus faust- bis kopfgroßen Steinen noch unterstrichen. Sprockhoff räumt diesen Gräbern eine Sonderstellung unter den nordwestdeutschen Kammern ein, bezeichnet sie als die östlichsten Kammern vom westeuropäischen Typ und meint: ,,Die Paten dieser langen Kammern, die im Emsland Maße bis zu 30 m erreichen, stehen als allées couvertes im Pariser Becken. . .So scheint es, als ob sich nordische und westeuropäische Art an der Unterweser kreuzen."

Die Untersuchung des Steingrabes Lehnstedt 82 förderte einen von einem Steinpaar gebildeten und auch schon von Sprockhoff vermuteten Gang an der Südseite der Kammer zutage. Diese besaß ursprünglich 18 Träger und 8 Decksteine; vorhanden sind noch 15 Träger und 3 Decksteine. Die Träger standen sich zu 8 Paaren gegenüber. Die meisten der fehlenden Steine dürften im 19. Jh. gesprengt worden sein. Ein Träger wurde leider noch 1949 entwendet. Die Kammer lag ehemals in einem langovalen Hügel, der bis an die Decksteine reichte.

Geborgen wurden 907 Scherben, darunter 264 tiefstichverzierte, die sich teils zu Schultergefäßen, Näpfen und Schalen ergänzen ließen. Sechs Scherben besaßen noch Inkrustationsreste. Drei querschneidige Pfeilspitzen, ein zweimal nachgeschliffenes dickblattiges Flintbeil vom ,,Großsteingrabtyp" (Wegewitz), 12 Klingen, 22 Kernsteine und 79 Abschläge, darunter einer mit Schliff, ergaben den üblichen Fundverband der Trichterbecherkultur und hätten ebensogut das Inventar einer ,,nordischen" Kammer sein können (vgl. Band 29, Abb. S. 96–98). Eine absolute Datierung ist nur indirekt über das gleichartige Material aus der benachbarten Kammer Lehnstedt 83 möglich, für das ein Radiokarbondatum von 2115 v. Chr. vorliegt.

Daß das Beil, eine querschneidige Pfeilspitze und viele Scherben im Eingang und außerhalb davor lagen, hat im Elbe-Weser-Dreieck zahlreiche Entsprechungen. Das Herauswerfen älterer Beigaben bei Neubestattungen war eine verbreitete Sitte. Nur zwei Funde deuten darauf hin, daß auch im Falle Lehnstedt 82 Leute der Einzelgrabkultur die Grabkammer ausgeräumt haben: im stark gestörten Grab fanden sich auch eine Randscherbe mit einem Fingernageleindruck und eine flächig retuschierte dreieckige Pfeilspitze mit gerader Basis, ein Typ, der allgemein nicht dem Material der Trichterbecherkultur zugerechnet wird.

Literatur:
H. Aust, Erfolgreiche Ausgrabung (Lehnstedt). Niederdt. Heimatbl. 227, 1968.

H. Aust

Eine Planierraupe erfaßte beim Abschürfen der Ackerkrume in dem Sandabbaugebiet „Im Strenge" bei Stendorf im Kreis Osterholz eine Urne mit Leichenbrand. Das Oberteil des Gefäßes sowie Teile des Leichenbrandes wurden verstreut, das Unterteil blieb noch im Boden. Durch spielende Kinder entdeckt, aufgelesen und mitgenommen, gelangte die Urne als Torso mit den Resten des Leichenbrandes über den zuständigen Kreispfleger in die Hand des Berichterstatters.

Unterteil der Urne von Stendorf. Mus. Osterholz-Scharmbeck. H. 14,2 cm.

Das Gefäß besitzt einen gut ausgeprägten kleinen Standfuß, der durch einen gekerbten Wulst klar vom Gefäßunterteil abgesetzt ist. Die trichterförmig aufgehende Wandung ist über einer schmalen unverzierten Zone mit neun waagerechten, sehr sorgfältig und tief eingedrückten Fingernagel-Kerbreihen verziert. Die konzentri-

Stendorf. Bruchstücke einer geschnitzten Elfenbeinpyxis. Mus. Osterholz-Scharmbeck. M = 2:1.

schen Reihen liegen dicht übereinander. Über dieser flächendekkenden Verzierung folgt ein schmaler Glättestreifen, der unmittelbar in den Umbruch übergeht. Das Oberteil fehlt. Das Gefäß gehört zu einer Form des 3. Jhs. n. Chr. Überraschenderweise enthielt der Leichenbrand zahlreiche Teile bzw. Bruchstücke von Elfenbeinschnitzereien.

Die Untersuchung des Leichenbrandes durch Herrn Professor Nemeskéri, Budapest, ergab: ein Individuum, etwa neun Jahre alt. Die Leiche muß über der Glut gelegen haben. Sie war einer großen Hitze ausgesetzt. Die Schnitzereien sind in Elfenbein ausgeführt worden.

Nach Rücksprachen bzw. Korrespondenzen mit Fachkollegen, die für den interessanten und für Norddeutschland äußerst seltenen Fund kompetent sein dürften, ist vorbehaltlich einer eingehenderen Bearbeitung folgendes zu sagen[1]):

Die Schnitzereien scheinen zu einer runden oder ovalen Pyxis zu gehören. Die Darstellung ist mindestens zweifriesig und zeigt Szenen mit Putten. Vielleicht vergleichbare Pyxiden fanden sich in Trier, Köln und London. Möglicherweise handelt es sich um einheimische, ,,rheinische" Arbeit. Thematisch ist an Vorbilder aus dem syrischen oder auch koptischen Bereich zu denken. Dr. Lila Marangou, Benaki Museum Athen, teilt dazu mit: ,,Ich glaube, daß wir hier eine Aphrodite am Fenster, von Eroten umgeben, vor Augen haben. Dieses Motiv geht auf altsyrisches Bildgut zurück und erinnert an die ,,Aphrodite Parakyptousa", die Syrische Astarte. Daß die Eroten zum Dienste einer Frau wiedergegeben sind, besteht kein Zweifel. Ob diese Frau Aphrodite ist oder nicht, läßt sich noch feststellen. Die Putten halten ein Schmuckkästchen mit den Händen: ich glaube, sie öffnen es. Es könnte auch ein Räuchergefäß

---

[1]) Für freundliche Begutachtung und weitere Hinweise sei den folgenden Damen und Herren vielmals gedankt: Dr. Lila Marangou (Athen), Dr. Antje Krug (damals Frankfurt a. M.), Prof. Schönberger (Frankfurt a. M.), Prof. Nierhaus (Freiburg i. Br.), Prof. Schumacher (Freiburg i. Br.), Prof. von Petrikovits (Bonn), Prof. Volbach (Rom) und Prof. Nemeskéri (Budapest).

sein. Solche Schmuckkästchen aus Holz mit Elfenbein verziert waren in der Antike bis in die christliche Zeit als Hochzeitsgeschenke gebraucht. Vielleicht waren die Elfenbeinschnitzereien aus Stendorf auf einem solchen runden Kästchen angenietet. Stilistisch zeigen sie – nach den Fotos – provinzielle Züge, und zeitlich sind sie etwa in das ausgehende 3. und frühe 4. Jh. zu datieren."

J. Deichmüller

Osterholz-Scharmbeck

Geschichte

Zwischen Moor und Geest, 20 km nördlich von Bremen, liegt Osterholz-Scharmbeck, die Kreisstadt des Landkreises Osterholz. Diesen zusammengezogenen Ortsnamen gibt es offiziell erst seit 1862. Damals wurde die Eisenbahnlinie Bremen-Geestendorf (heute: Bremerhaven) in Betrieb genommen, deren Bahnhof zwischen den beiden selbständigen Flecken Osterholz und Scharmbeck lag. Sie blieben auch weiterhin selbständig, obwohl sich bereits 1869 die Post dem Vorbild der Bahn anschloß. Über ein halbes Jahrhundert mußte noch vergehen, ehe es zur Vereinigung der beiden Schwesterorte kam: Im Jahre 1927 wurden sie (zusammen mit den Nachbardörfern Bargten, Sandbeckerbruch und Ahrensfelde) zusammengelegt und erhielten am 25. Oktober 1929 Stadtrechte.
Eine abermalige Erweiterung gab es 1936: die Dörfer Buschhausen, Lintel und Westerbeck wurden der jungen Stadt zugeschlagen. Diese Dörfer und auch die vorhergenannten sind heute z. T. weitgehend in der Stadt aufgegangen. 1974 erfolgte im Rahmen der niedersächsischen Gebiets- und Verwaltungsreform wiederum eine Vergrößerung. Die Gemeinden Scharmbeckstotel, Heilshorn, Garlstedt, Hülseberg, Ohlenstedt, Freißenbüttel, Sandhausen,

Teufelsmoor und Pennigbüttel wurden Teil von Osterholz-Scharmbeck.

Bis in die Neuzeit verlief die Entwicklung der beiden Orte Osterholz und Scharmbeck getrennt.

Scharmbeck ist mit Sicherheit als der ältere Stadtteil anzusehen. Er liegt im Bereich alter, vorgeschichtlicher Siedlungen. Großsteingräber, von denen eins noch heute im Stadtzentrum erhalten geblieben ist, und umfangreiche Urnenfriedhöfe der Bronze- und Eisenzeit im Orte bezeugen dies.

Die eigentliche Geschichte der beiden Orte beginnt erst sehr spät, wenn man von Geschichte in dem Sinne spricht, daß schriftliche Überlieferungen vorliegen. Überhaupt werden die meisten Orte in unserem Gebiet erst recht spät urkundlich erwähnt: die frühesten im 11., die anderen im 12. Jh. und noch später. Dennoch tritt das Kreisgebiet bereits im 8. Jh. in das Licht der Geschichte.

Unter Karl dem Großen, der bekanntlich besonders das nördliche Sachsen erobern mußte, entstanden große Reichsgutsbezirke und Königshöfe.

Ortsnamen, die auf -büttel und -hausen enden, sprechen dafür, daß sich entlang des Geestrückens zwischen Giehle und Lesum ein Reichsgutsbezirk befunden hat. Sein Mittelpunkt wird der Königshof in Lesum gewesen sein und ein weiterer, das Castrum Sandbekke, in Scharmbeck-Westerbeck. Der Königshof von Lesum ist urkundlich bezeugt, als er 1073 in die Hand der Bremer Kirche überging. Über den Königshof in Scharmbeck wissen wir nur sehr wenig. Er kann im Grunde nur erschlossen werden aus dem Charakter der späteren Kurie Scharmbeck.

1042 erwähnt Adam von Bremen den Ort Scirnbeki (= Scharmbeck). Erzbischof Bezelin soll von seinem dortigen Hofe barfuß nach Bremen gepilgert sein, worauf er eine Erkältung bekam, die ihn niederstreckte, so daß er starb.

Dieser erzbischöfliche Hof ist später im Besitz der Herren v. Sandbeck. Ihr Sitz, das jetzige Gut Sandbeck mit seinen Gräfteanlagen, erinnert noch heute an eine alte Wasserburg, hat aber in militärischer Hinsicht wohl niemals eine Bedeutung gehabt. Der Erbauer des heutigen Herrenhauses, eines der schönsten Weserrenaissance-Bauten in unserem Raum, war Johann von Sandbeck, der am 24. September 1571 das Lehen übernahm. Eine Inschrift am Ostgiebel des Fachwerkhauses dicht unter dem Dach nennt das Baujahr 1584 und erwähnt als Meister Johan Stollink, der als Ratszimmermeister 1609 auch an der Errichtung von Obergeschoß und Dachstuhl des Bremer Rathauses maßgeblich beteiligt war.

Die Kirche zu Scharmbeck, die das Patrozinium des Willehad hat, zählt wohl zu den ältesten in Norddeutschland.

Um Kirche und Wasserburg entwickelte sich im Mittelalter planlos, unregelmäßig und weiträumig der Ort Scharmbeck, ursprünglich ein reines Bauerndorf, in dem im 16. Jh. die kleineren Landwirte, die Kötner und Anbauer nicht mehr vom Ertrag des Bodens leben konnten. Sie mußten sich zwangsläufig einer handwerklichen Betätigung zuwenden. In Scharmbeck wandte man sich vorwiegend der Tuchmacherei zu. Das Tuchmacheramt (Gildebrief vom Jahre 1581) entwickelte sich außerordentlich und zählte bereits 1645 zu den zwölf größten und bedeutendsten Tuchmachergilden Deutschlands. In der größten Blütezeit des 18. Jhs. waren durch Abschluß von Lieferungsverträgen an Militärtuchen (für zeitweise fünf hannoversche Regimenter) mehr als 250 Meister tätig.

Eine besondere wirtschaftliche Bedeutung Scharmbecks lag seit der Mitte des 18. Jhs. in seinen großen Viehmärkten im Mai und Oktober, zu denen nicht selten über 4000 Stück Vieh von weit her zusammengetrieben wurden. Diese Märkte haben bis heute einen guten Ruf bewahrt und waren gewissermaßen Vorläufer der jetzigen Einkaufsstadt Osterholz-Scharmbeck.

Der Bremer Erzbischof Siegfried v. Askanien, Sohn Markgraf Albrechts des Bären, gründete 1182 im östlich von „Scirnbeki" gelegenen „Osterholte" ein Mönchs- und Nonnenkloster. Siegfried übertrug seinen Haupthof in Scharmbeck mit den dazugehörenden Gütern diesem Kloster. Wir wissen nicht, ob er es als sein Hausgut oder ob er es in seiner Eigenschaft als Erzbischof als Bremisches

Kirchengut übertragen hat. Nach dem Tode Siegfrieds (1184) wurde der Bau unter Erzbischof Hardwig II. aus der Ministerialen-Familie v. Uthlede vollendet. Hardwig übertrug unter anderem auch die Kurie Scharmbeck dem Benediktiner-Kloster. Die damaligen Herren von Sandbeck erhielten ihren Hof als Klosterlehen zurück. 1188 erlangte der erste Propst Eylhard von Clemens III. päpstlichen Schutz. 1196 weihte Bischof Dietrich von Lübeck im Auftrag des Erzbischofs die Kirche zu Ehren der Muttergottes. Ab 1202 wird es ein reines Nonnenkloster. Das ursprünglich im romanischen Baustil aufgeführte St. Marien-Kloster fiel im Jahre 1345 einer Feuersbrunst zum Opfer. Es wurde danach im gotischen Stil großzügig wieder aufgebaut.

Von dem Kloster ist heute kein Gebäude im ursprünglichen Zustande erhalten geblieben. Nur die im Jahre 1935 erneuerte Klosterkirche und einige aus altem Klosterbaumaterial errichtete Gebäude erinnern noch an die ehemalige klösterliche Niederlassung.

Das im Laufe der Zeit sehr reich gewordene Kloster trat um 1550 zur evangelischen Lehre über und wurde im Jahre 1650 aufgehoben. Seine Liegenschaften und Einkünfte wurden von den damals hier herrschenden Schweden dem Landgrafen Friedrich v. Hessen-Eschwege übertragen. Nachdem dieser im Polenkriege (1655) gefallen war, erhielt seine Witwe Eleonore Catharina, eine geborene Prinzessin von Pfalz-Zweibrücken und Schwester Karls X. von Schweden, den Nießbrauch. Nach ihrem Tode (1692) wurde in Osterholz ein Klosteramt eingerichtet, das nach einer kurzen dänischen Zwischenherrschaft (1712-15) im Jahre 1719 an Hannover fiel.

Osterholz blieb weiterhin Verwaltungszentrum. Von den einstigen Klostervögten über die hannoverschen Amtmänner und preußischen Landräte reicht die Reihe der Osterholzer Behörden bis zur heutigen Kreisverwaltung.

Das Kreisheimatmuseum

Das Kreisheimatmuseum in Osterholz-Scharmbeck wurde durch den 1929 gegründeten „Heimat- und Museumsverein" ins Leben gerufen. Es befand sich vor dem Krieg im „Altdeutschen Haus von 1626", einem der ältesten Bürgerhäuser der Stadt, und wurde nach der Auslagerung und einer provisorischen Übergangsregelung 1960 im Stadtteil Osterholz an der Bördestraße wiedereröffnet. Das Gebäude liegt mit seiner parkartigen Umgebung auf historischem Boden. Hier befand sich einst das Vorwerk des Klosters. Die Umfassungsmauern aus Backsteinen im Klosterformat stehen heute noch. Der hintere Teil des Hauses dürfte wohl noch aus der Klosterzeit stammen, der vordere wurde, wie eine Inschrift verkündet, von dem Kolonisator des Teufelsmoors, Jürgen Christian Findorff, 1753 neu errichtet. Das Haus beherbergte in jener Zeit den Amtsschreiber, später den jeweiligen Amtsrichter; seit 1932 waren hier Dienststellen der Kreisverwaltung untergebracht. Danach stellte es der Landkreis Osterholz dem Heimatverein als Museum zur Verfügung.

Als heimatkundliche Sammlung enthält das Museum viele kulturgeschichtlich interessante Gegenstände aus dem gewerblichen und bürgerlich-privaten Lebensbereich der Kreisstadt, insbesondere eine umfangreiche Sammlung von Schaustücken und Dokumenten der ehemals berühmten Scharmbecker Tuchmacherzunft.

Im 19. Jh. gab es daneben im Kreis Osterholz eine blühende Zigarrenproduktion, an die eine ganze Reihe von Ausstellungsstücken erinnert. Dieser Raum wird im Augenblick in der Art einer alten Fabrikationsstätte neu eingerichtet.

Von der harten Arbeit der Torfbauern aus den Anfängen der Kolonisation des Teufelsmoores erzählt die Abteilung „Teufelsmoor" mit ihren Geräten und häuslichen Besitzstücken sowie dem Modell einer Moorkate und eines alten Torfschiffes, die im Freigelände aufgestellt sind.

Das Freilichtmuseum, mit einem Niedersachsenbauernhaus von

1701, mit Scheune, Backhaus und Bienenschauer befindet sich noch im Aufbau und wird bis Ende 1977 fertiggestellt sein.

Auch eine ornithologische Sammlung, die von Kennern gerühmt wird, ist dem Museum angegliedert. In ihr kann man sämtliche im Teufelsmoor anzutreffenden Vogelarten in hervorragend gepflegten Schaustücken kennenlernen.

Die 1973 eingerichtete vorgeschichtliche Abteilung ist der besondere Stolz des Museums. Hier findet der Besucher eine umfangreiche Sammlung aus der Stein-, Bronze- und Eisenzeit. Die meisten Stücke, von denen aus Platzgründen auch jetzt nur ein Teil ständig gezeigt werden kann, sind in den letzten Jahren im Kreisgebiet gefunden worden.

Als kostbarstes Stück der Sammlung gilt eine syrische Elfenbeinschnitzerei, die 1972 in einer sächsischen Urne des 3. Jhs. bei Stendorf gefunden wurde. Die künstlerisch hochwertige Arbeit zeigt eine Reihe mythologisch-figürlicher Darstellungen und diente einst als Grabbeigabe (Abb. S. 148).

K.-P. Schulz

Worpswede

Die Künstlerkolonie

Inmitten einer unabsehbaren Moorlandschaft – heute sieht man nur noch ausgedehnte Wiesen mit den rotbedachten Häuserzeilen der alten Moorhufensiedlung – liegt der berühmte Malerort Worpswede auf einem Moränenhügel, dem weithin sichtbaren „Weyerberg". Dieser ungewöhnliche Hügel entstand in der Warthe-Eiszeit und erhielt durch die Abschmelzwässer der sogenannten „Lamstedter Staffel" seine steilen Hänge. Das aus den abflußlosen Wasserflächen in der Nacheiszeit langsam emporgewachsene Moor hat Tiefen bis zu 14 Metern.

Ursprünglich ein Haufendorf mit 7 bis 8 Höfen, das dem Kloster

Osterholz zehntpflichtig war, wuchs der Ort im 18. Jh. durch die Kultivierung der Moorflächen strahlenförmig an den Entwässerungsgräben und Straßendämmen in die Landschaft hinaus.

Fast 200 Jahre lebte der größte Teil der Bevölkerung von Torfabbau und bescheidener Landwirtschaft. Erst vor etwa 80 Jahren wurde der Name Worpswede allgemeiner bekannt, als hier eine Künstlerkolonie entstanden war, die – ähnlich den französischen Künstlerkolonien der Impressionisten – ein neues Verhältnis zur Landschaftsmalerei entwickelte.

Der „Entdecker" der Moorlandschaft Worpswede, Fritz Mackensen, und die von ihm nach Worpswede gezogenen Maler Otto Modersohn, Hans am Ende, Fritz Overbeck, Heinrich Vogeler und andere bemühten sich, die reine und unverfälschte Natur darzustellen, diese weite norddeutsche Landschaft mit ihrem hohen Himmel voll wechselnder Stimmungen, und sie hatten damit schon 1895 mit einer Ausstellung im Münchner Glaspalast sensationellen Erfolg. Einen besonderen Rang unter diesen naturverbundenen Malern nimmt die begabte Malerin Paula Becker-Modersohn ein, deren hundertster Geburtstag gerade jetzt Anlaß zu besonderen Ausstellungen der Böttcherstraße und der Kunsthalle in Bremen gegeben hat. Paula Becker-Modersohn, Schülerin von Mackensen, darüber hinaus aber in fruchtbaren Jahren des Lernens in Berlin und vor allem in Paris gereift, hat in kurzen Schaffensjahren mit ihren Landschaftsbildern und den Bildern arbeitender Menschen eindrucksvolle Werke hinterlassen. Insgesamt sind die Bilder der „alten Worpsweder", wie der Direktor der Bremer Kunsthalle, Dr. Günther Busch, kürzlich zusammenfassend erklärte, „von bleibender und wirkender Kraft, weil darin soviel Natur, soviel aufrichtige Anschauung und soviel Ehrfurcht enthalten ist"!

In Worpswede hatte sich um die Jahrundertwende im Rahmen der Künstlerkolonie geradezu ein geistiges Zentrum gebildet, dem außer den genannten Malern auch die Bildhauerin Clara Rilke-Westhoff und Schriftsteller von Ruf wie Rainer Maria Rilke, Manfred Hausmann und andere angehörten.

Ludwig Roselius, der kulturfördernde Gründer des Hag-Konzerns und der Böttcherstraße in Bremen, hat das Verdienst, frühzeitig die Worpsweder Künstlerkolonie durch Aufträge und Ankauf ihrer Werke ermuntert und gefördert zu haben. Er hat während des ersten Weltkrieges und in den schweren Zeiten danach die Worpsweder laufend materiell unterstützt. Heute genießt die Paula Bekker-Modersohn-Sammlung der Böttcherstraße internationalen Ruf. In Worpswede selbst kann man typische Werke der „alten Worpsweder" in der „Großen Kunstschau" der Böttcherstraße neben dem Café Worpswede sehen.

Außer der „Großen Kunstschau" bieten bedeutende private Kunstausstellungen wie etwa die Kunsthalle Netzel und andere Galerien, das „Haus im Schluh" mit Werken und Erinnerungen an Heinrich Vogeler und viele kunstgewerbliche Werkstätten den heute zu Tausenden nach Worpswede kommenden Touristen lebendige Anschauung. Obwohl der Ort Worpswede auch heute noch Künstler, Kunstschaffende und Kunstgewerbler von Rang beherbergt, lebt er natürlich noch stark von der Bedeutung der „alten Worpsweder" aus der Zeit der Jahrhundertwende.

Worpswede mit seinen erholsamen Wanderwegen und seinen gepflegten Gaststätten wird mehr und mehr ein Kultur- und Erholungszentrum, das im Zeitalter des Kraftwagens aus einem Umkreis von mehreren Hundert Kilometern besucht wird.

Auch das in Worpswede neu erbaute „Ludwig-Roselius-Museum für Frühgeschichte" hat sich auf diesen Besucherkreis eingestellt.

Das Ludwig-Roselius-Museum für Frühgeschichte

Als in den Zwanziger Jahren der Begründer der Kaffee-Hag-A. G., der Bremer Generalkonsul Dr. h. c. Ludwig Roselius der Ältere, die inzwischen weltberühmt gewordene Böttcherstraße in Bremen erbaute, umfaßte sein vielseitiges Kulturprogramm die Erhaltung altbremischer Kaufmannskultur und Seefahrtstradition, die Pflege niederdeutscher Kunst und die Wiederbelebung alter Handwerke wie Weberei, Töpferei und Goldschmiedekunst.

Roselius sammelte darüber hinaus mittelalterliche und altnordische Kunst und beauftragte schließlich seinen Freund, den begeisterten Vorgeschichtsforscher Hans Müller-Brauel mit dem Sammeln auch vorgeschichtlicher Altertümer und dem Aufbau eines Vorgeschichtsmuseums im Hause Atlantis der Böttcherstraße, das er „Väterkunde-Museum" nannte.

Anfang der dreißiger Jahre wurde dieses Museum besonderer Art mit seinen sehr vielgestaltigen Sammlungsbeständen eröffnet. Aus seinen Beständen stammen wesentliche Teile der Schau- und der Studiensammlung des heutigen „Ludwig-Roselius-Museums für Frühgeschichte" in Worpswede.

Es ist erstaunlich, was durch den Eifer und den Spürsinn von Müller-Brauel schon in den ersten Jahren des Museums in der Böttcherstraße zusammengebracht worden ist. Neben ausgewählten materialechten Nachbildungen und Abgüssen besonders aus dem norddeutschen und skandinavischen Raum, darunter wertvollsten Schiffsmodellen und Nachschnitzungen aus dem Oseberg-Fund, gelang es Müller-Brauel, Tausende von Original-Fundstücken aus ganz Europa zu erwerben, vor allem Fundbestände bekannter altsteinzeitlicher Fundplätze, seltene Einzelfundstücke und ganze Privatsammlungen, wie sie auch später nach Müller-Brauels Tod (1940) durch seine Nachfolger in der wissenschaftlichen Leitung des Museums (Prof. Dr. Julius Andree, Münster, und Dr. Heinrich Spanuth, Hameln) aus Deutschland, Frankreich, der Schweiz usw. hinzuerworben wurden. Dadurch ist das Museum nie ein Regional-Museum etwa des nordwestdeutschen Raumes geworden – neue Regional-Funde werden auch heute an die zuständigen Museen und Bodendenkmalämter abgegeben –, sondern enthält vielseitige und interessante Bestände aus dem In- und Ausland, die von manchen Vorgeschichts-Seminaren unserer Hochschulen immer wieder als willkommene Studiensammlung benutzt werden, während die von Nachbildungen und pädagogischen Ergänzungen weitgehend befreite Schausammlung nur die Aufgabe bekommen hat, einen für jedermann geeigneten Überblick über die allgemeine Kulturentwicklung Europas von der Altsteinzeit bis zur Wikingerzeit zu geben.

Als vor über 20 Jahren (1954) Heinrich Spanuth die wissenschaftliche Leitung des Museums in kameradschaftlicher Überleitung dem Unterzeichneten weitergab, lag das Museum noch in der Böttcherstraße. Sonderausstellungen, Führungen und viele Jahre durchgehaltene allmonatliche Sonntags-Vorträge zur Vor- und Frühgeschichte Europas konnten aber die für den Publikums-Besuch ungünstige Lage des Museums im 4. und 5. Stock des Hauses Atlantis nicht wettmachen.

So bemühte sich der Unterzeichnete schon in den sechziger Jahren, wenigstens ein Filial-Museum in Worpswede auf dem der Böttcherstraße gehörenden Gelände im Zentrum des Ortes einzurichten. Tatsächlich führten diese Bemühungen Ende der sechziger Jahre zu ernsten Erörterungen sowie Standorts- und Kostenüberlegungen seitens der Böttcherstraße.

Als dann der jetzige Vorsitzende des Vorstands der Hag-A.G., Konsul Dr. Ludwig Roselius der Jüngere, in Fortsetzung des kulturellen Werkes seines Vaters sich entschloß, die Neubaukosten eines modernen Vorgeschichtsmuseums in Worpswede unter Verwendung der Bestände des bisherigen Museums in der Böttcherstraße zu übernehmen, kam es zu dem Beschluß einer völligen Verlegung des Museums von Bremen nach Worpswede.

Einen wesentlichen Grund für diesen Beschluß bildete die Überlegung, daß heute die Zentren der Großstädte mit ihren Museen usw. sich am Wochenende leeren, daß aber in den von Tausenden aufgesuchten Erholungsgebieten geistige Angebote weitgehend fehlen, so daß also die Verlegung eines Museums in ein Erholungs-Zentrum wie etwa Worpswede auch einen kulturpolitischen Sinn besitzt.

Es war eine wunderbare Aufgabe für den Unterzeichneten, zusammen mit dem beauftragten Architekten Dipl.-Ing. Müller-Menckens (Bremen), den Raumbedarf, die Aufteilung und die Größe

Das Ludwig-Roselius-Museum für Frühgeschichte in Worpswede.

der Räume für Schausammlung, Studiensammlung, Magazin, Arbeitsräume usw. des neuen Museums abzustimmen und mit den zur Verfügung stehenden Neubaumitteln in Einklang zu bringen. Museums-Inhalt und Museums-Bau sollten eine möglichst harmonische Einheit ausstrahlen. Der eigentliche Bau wurde 1969/70 ausgeführt, die genau vorbereitete Einrichtung erfolgte sodann in einem guten halben Jahr, bis das Museum im Juni 1971 feierlich von Bundespräsident Dr. Heinemann eingeweiht werden konnte.

Während die Studiensammlung im Sockelgeschoß untergebracht ist, wurde die Schausammlung in Räumen verschiedener Form und Größe im Erdgeschoß um einen Innenhof herum angeordnet. Überall hat man durch große, bis zum Fußboden reichende Fenster einen erholsamen Ausblick auf das Grün des Gartens oder des Innenhofes. Die Beleuchtung der Räume, eine Kombination von na-

türlichem mit künstlichem Licht, ist so eingerichtet, daß das Museum zu jeder Tages- und Nachtzeit besichtigt werden kann.
In einem „Audiovisium" gleich neben der Eingangshalle kann der Besucher mittels eines leicht faßbaren Tonbandtextes von ca. 18 Minuten mit etwa 60 Farbdias etwas über die Aufgaben der Vorgeschichtsforschung erfahren und eine Anleitung für den Rundgang durch das Museum erhalten.
Um jeden Besucher – viele von ihnen sind erstmalig in einem Vorgeschichtsmuseum – eindringlich auf die Bedeutung seines Interesses und seiner Mitarbeit bei der vorgeschichtlichen Landesforschung hinzuweisen, ist der erste und größte Raum des Museums dem Thema „Ausgrabung und Forschung" gewidmet. Hier sieht der Besucher einen sieben Meter langen Fries mit Fotos vom „Abenteuer der Archäologie": Moorgrabungen, Ausgrabungen von Steinkammern und Hügelgräbern, von vor- und frühgeschichtlichen Friedhöfen, von Hausresten, Schiffen und Burganlagen.
Eine schwarze Tafel bringt aktuelle Zeitungsberichte über Ausgrabungen. Eine Karte Nordwestdeutschlands läßt anhand kleiner gelber Spaten und einer Ortsliste erkennen, an welchen Stellen z. Zt. Ausgrabungen stattfinden. Vor allem aber zeigen drei größere Vitrinen neue Grabungsfunde aus Niedersachsen. Es sind Leihgaben der Bodendenkmalämter, Fundstücke mit Grabungsfotos, die etwa halbjährlich ausgewechselt werden und die mit den übrigen Schautafeln diesen Raum zu einem „Schaufenster der nordwestdeutschen Vorgeschichtsforschung" machen sollen. Der Besucher erhält einen „Mitnehme-Zettel", auf dem er die genauen Adressen der Bodendenkmalämter Nordwestdeutschlands findet und zur Aufmerksamkeit und Mitarbeit aufgefordert wird.
Die übrigen Räume des Museums zeigen ausgewählte Originalfunde und Ausstellungs-Objekte in der Abfolge der Kultur-Epochen von der Altsteinzeit (Raum 2) über die Mittel- und Jungsteinzeit (Raum 3), die Bronzezeit (Raum 4), weitere Funde der Bronzezeit sowie der älteren Eisenzeit (Raum 5) bis zur Völkerwanderungs- und Wikingerzeit (Raum 6).

Die Lage des Museums „im Grünen" ermöglichte sogar die Einrichtung eines „Freigeländes" mit einer kleinen Megalith-Grabkammer, einer Grabanlage der Einzelgrabkultur, einer Doppelgrabsetzung in einem Grabhügel mit Steinkreis der älteren Bronzezeit (Ausgrabung Schirnig 1969 bei Uelzen), einer Urnenbeisetzung der vorrömischen Eisenzeit und einem altgermanischen Backofen der Zeit um Christi Geburt (Gegend von Lüneburg).

Nach fünfjährigem Bestehen kann man sagen, daß das „Ludwig-Roselius-Museum für Frühgeschichte" in Worpswede von der Öffentlichkeit sehr gut „angenommen" worden ist. Für den Erholungsort Worpswede, bei dem der eigentliche Winter und fast alle Schlechtwetter-Tage ausfallen, ist eine Besucherzahl von jährlich 50 000 mit steigender Tendenz sehr erfreulich.

A. Tode

Ein hochmittelalterliches Schwert mit Inschriften aus dem Teufelsmoor

Im Jahre 1933 konnte das Landesmuseum Hannover ein gut erhaltenes eisernes Schwert erwerben, das um die Jahrhundertwende im „Teufelsmoor" in der Nähe des Weyerberges zwischen Worpswede und Adolfsdorf im Kreise Osterholz gefunden worden sein soll. Die näheren Fundumstände sind unbekannt, doch dürften die Angaben über das Fundgebiet im wesentlichen zutreffen.

Das Schwert ist hervorragend gut erhalten und hat eine Länge von 82,9 cm. Die breite Klinge endet unten flachbogenförmig ohne Spitze und trägt auf jeder Seite eine längslaufende flache Mittelrinne. Nach oben endet sie in eine kräftige Griffangel, die ursprünglich mit dem eigentlichen Griff aus organischem Material verkleidet war. Aufgesetzt sind eine breite gerade Parierstange und ein etwa dick linsenförmiger Knauf, beides aus Eisen. Auf jeder Seite ihrer oberen Partie trägt die Klinge eine Inschrift. Die eine lautet IN-

GELRII, die andere ist symmetrisch gestaltet, läßt sich nicht lesen und hat nur ornamentalen oder symbolischen Charakter. Angebracht wurden derartige Inschriften, indem man sie zunächst mit dem Stichel aushob und dann „tauschierte", das heißt, Metalldrähte hineinhämmerte und danach glatt schliff.

Innerhalb der von J. Petersen für die Wikingerzeit und das frühe Hochmittelalter aufgestellten Schwert-Typologie gehört unser prächtiges Stück zu einer fortgeschrittenen Variante des Typs X. Diese Form ist weit in Europa verbreitet und läßt sich, was die Gestalt unseres Exemplares anbelangt, in das 11. Jh. n. Chr. datieren.

Lesbare Schwert-Inschriften des frühen und hohen Mittelalters beziehen sich großenteils auf den Schwertfeger oder dessen Werkstatt, bisweilen auch auf den Hersteller des Griffes, des „Gefäßes". Die Inschrift eines Gefäßmachers finden wir auf der Parierstange eines Schwertes des 8. Jhs. aus einem Hügelgräberfeld von Hedendorf im Kreise Stade, dessen Griffpartie mit Gold tauschiert und plattiert ist. Auf der einen Seite ist das Wort BENE-DIKT..I zu lesen, während die Rückseite nur die Reste abgekürzter

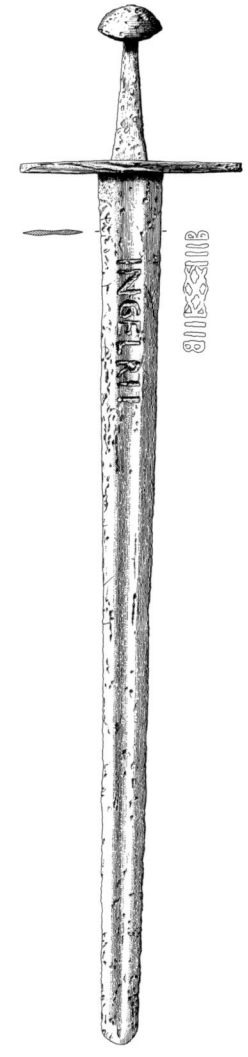

Langschwert mit Inschrift aus dem Teufelsmoor bei Worpswede. Landesmuseum Hannover. M = 1:6.

Worte in folgender Form zeigt: IFDNSDSA.
Seit der Zeit um 800 und bis ins 11. Jh. hineinreichend sind Klingen, welche den Namen ULFBERHT oder eine abgewandelte Form davon tragen, sehr häufig und in weiten Teilen Europas verbreitet. Zwei Exemplare, darunter ein sehr spätes, wurden bei Hamburg aus der Elbe gebaggert. Den Ursprung der frühesten Klingen dieser Art darf man im Raume von Maas und Niederrhein vermuten, doch entstammen ganz gewiß nicht alle Stücke nur einer einzigen Werkstatt mit langer Tradition; großenteils wurden sie den Vorbildern nachgeahmt, deren Qualität man wohl besonders schätzte.
Mehrere hochmittelalterliche Schwerter wurden zu verschiedenen Zeitpunkten bei Stade aus der Schwinge gebaggert. Eines trägt auf der einen Klingenseite die Inschrift + BENNO ME FECIT (Benno machte – schmiedete – mich), auf der anderen + INOMINE DNI (im Namen des Herrn). Ein anderes Schwert aus der Schwinge zeigt auf der Klinge die Inschrift NISO ME FET (d. h. FECIT).
Der Name Ingelrii wird wie der im wesentlichen ältere des Ulfberht in verschiedenen Formen und Zusammensetzungen wiedergegeben. Ein schwedisches Schwert trägt die Inschrift + INGELRII-MEFECIT +, ein norwegisches INGELRIH FECIT. Auch hier handelt es sich also nicht um Besitzerinschriften, sondern um Werkstattmarken, die lange Zeit weithin kopiert wurden. Schwerter mit solchen Klingen-Inschriften, die erstmals wohl ebenfalls im Rhein-Maas-Gebiet geschmiedet wurden, beginnen in der zweiten Hälfte des 10. Jhs. und reichen bis in das 12. Jh. hinein. Unser Exemplar liegt zeitlich also etwa in der Mitte.

Literatur:
G. Jacob-Friesen, Einführung in Niedersachsens Urgeschichte III: Eisenzeit [4](1974) 671 ff. – D. Bohnsack, Ein neues mittelalterliches Inschriften-Schwert aus der Elbe bei Hamburg. Festschrift Herbert Jankuhn (1968) 151 ff. – H. Jankuhn, Ein Ulfberht-Schwert aus der Elbe bei Hamburg. Festschrift Gustav Schwantes (1951) 212 ff. – M. Müller-Wille, Ein neues Ulfberht-Schwert aus Hamburg. Offa 27, 1970, 65 ff. – J. Petersen, De norske vikingesverd (1919). – A. Ruttkay, Zwei mittelalterliche

Schwerter mit Inschriften aus der Slowakei. Archaologické rozhledy 23, 1971, 167 ff. – F. Stein, Adelsgräber des achten Jahrhunderts in Deutschland. Germanische Denkmäler der Völkerwanderungszeit Ser. A, 9 (1967). – J. Ypey: Twee vroeg-mid-deleeuwse zwaarden met incrustatie. Berichten rijksdienst oudheidkundig bodem-onderzoek Amersfoort 9, 1959, 297 ff. – J. Ypey: Een aantal vroeg-middeleeuwse zwaarden uit Nederlandse musea. Berichten rijksdienst oudheidkundig bodemon-derzoek Amersfoort 10/11, 1960/61, 368 ff. Ausführliche Publikation durch Verf. dieses Artikels in Vorbereitung.

G. Jacob-Friesen

Ein Palisadenhügel mit Baumsarg-Bestattungen und Totenhaus bei Tarmstedt

Das Dorf Tarmstedt liegt am östlichen Geestrand des weiträumigen Schmelzwassertales, das in dem Bremer Becken seine Fortsetzung findet und heute unter dem Namen „Teufelsmoor" bekannt ist. Mehrere große Hügelgräberfelder und Urnenfriedhöfe, aber auch größere Siedlungsplätze aus der Römischen Kaiserzeit lassen auf eine verhältnismäßig dichte Besiedlung der Umgebung von Tarm-stedt in vorgeschichtlicher Zeit schließen.

Während der letzten Jahrzehnte ist ein großes Hügelgräberfeld „Im Deependahl" nördlich Tarmstedt durch Kiesgrubenanlagen fast gänzlich zerstört worden. In diesem Kiesgrubengelände konnte der Verfasser 1966 mehrere Hügelgräber untersuchen, von denen eines besonders interessante Befunde zeigte.

Das Hügelgrab war mit einer Höhe von 0,65 m und einem Durch-messer von 11,50 m im Vergleich zu anderen dortigen Grabungsob-jekten verhältnismäßig klein. Allerdings konnte die ursprüngliche Höhe wegen starker Oberflächenstörungen nicht mehr genau er-mittelt werden.

Der Hügel war aus Heideplaggen aufgebaut und von einem stark ausgeprägten Ortsteinband mit Bleichsandzone unterzogen. Das

Tarmstedt, Kr. Bremervörde. Ausschnitt des Planums mit Palisadengraben in Grabhügel 2.

Ortsteinband weist darauf hin, daß das Hügelgrabgelände bereits
vor Errichtung der Hügel mit Heide bewachsen war. In der Nähe
des Hügelrandes konnte ein Pfostengraben festgestellt werden, der
den Hügel kreisförmig umgab und im Osten durch eine Bestattung
unterbrochen wurde. Wie zahlreiche Pfostenverfärbungen deutlich
machten, müssen die Pfosten in den Graben eingesetzt worden sein.
Durchschnittlich hatten die Pfosten eine Stärke von 15–20 cm. Sie
reichten bis zu 60 cm in den gewachsenen Boden hinein und müssen

vor- und nebeneinander in den Graben als doppelte Pfostenreihe eingesetzt worden sein. Auffällig ist, daß sich an keiner Stelle der Hügelprofile die Pfostenverfärbung bis in den oberen Hügelaufbau verfolgen ließ. Entweder haben sich die Humusrückstände des Holzes nicht in dem Plaggenbau des Hügels erhalten, oder aber die Pfosten reichten ursprünglich kaum über den gewachsenen Boden hinaus. Bei 0,40 m Breite im Durchschnitt erscheint der Pfostengraben ziemlich schmal. Er diente offensichtlich nur zur Aufnahme zahlreicher Pfosten, die palisadenartig dicht beieinander standen. Außerhalb des Pfostenkranzes war der Hügelrand mit kopf- bis kürbisgroßen Feldsteinen belegt.

Die Zentralbestattung, ein auf dem gewachsenen Boden aufgesetzter Baumsarg, umgeben von Stützsteinen, war nur noch in Resten erhalten. Beigaben fehlten.

Die Bestattung im Palisadenring überraschte durch die Anlage eines Totenhauses. Der Graben öffnete sich im Osten mit ausschwingenden Enden auf eine Breite von 2,90 m; die Endpfosten waren mit Durchmessern von 20-25 cm besonders stark. In der Öffnung lag eine Steinsetzung, die mit einer Länge von 2,50 m und einer Breite von etwa 1,0 m den Maßen der Steinpackung unter einem Baumsarg entsprach. Zwischen den Steinen befand sich eine dicke Schicht verkohlten Holzes, dessen Streichrichtung in der Nord-Süd-Längsachse der Steinsetzung verlief. Auffällig waren dicke Holzkohlelagen außerhalb der Steinsetzung neben den beiden Schmalseiten wie auch an der westlichen und im geringen Maße an der östlichen Längsseite. Die Streichrichtung dieser verkohlten Hölzer verlief an den Schmalseiten von Ost nach West, an den Längsseiten von Nord nach Süd. Die vollständige Freilegung ergab noch zusammenhängende Teile von Holzbohlen, die offensichtlich zur Seite gefallen waren. Bei der weiteren Untersuchung konnten vier Pfostenlöcher, die die Steinsetzung lang-rechteckig umgaben, festgestellt werden. Reste der verkohlten Pfosten steckten noch in den Pfostenlöchern; sie waren von verkohlten Bohlenresten überlagert. Einer der Pfosten war mit sieben Steinen verkeilt worden. Die Pfosten reichten

Tarmstedt. Baumsarg-Steinsetzung und Profilschnitte der vier Pfosten des Totenhauses in Grabhügel 2.

60-70 cm tief in den gewachsenen Boden hinein und besaßen einen
Durchmesser von 20-25 cm. Sie waren zueinander in einer etwas
verschobenen Rechteckstellung mit 2,90 m Länge auf der westlichen und 2,80 m auf der östlichen Längsseite sowie 1,60 m auf der
Nordseite und 1,50 m auf der Südseite angeordnet.
Bei dem Versuch einer Wiederherstellung könnte man annehmen,
daß die Holzbohlen ursprünglich horizontal, aber hochkant aufein-
andergestellt, zwischen die Pfosten eingesetzt worden waren. Die
Befestigungstechnik an den Pfosten ließ sich nicht mehr rekonstruieren. Auch für eine Dachkonstruktion ergaben sich kaum Anhaltspunkte. Da alle Befunde auf eine hausartige Überbauung der Baumsargbestattung hinweisen, dürfte die Anlage unseren bisher bekannten Rekonstruktionsvorstellungen für ein Totenhaus entsprechen.
Totenhäuser sind in verschiedenen Zeiten und Kulturen festgestellt
worden. Die meisten der bisher im norddeutschen Raum bekannten

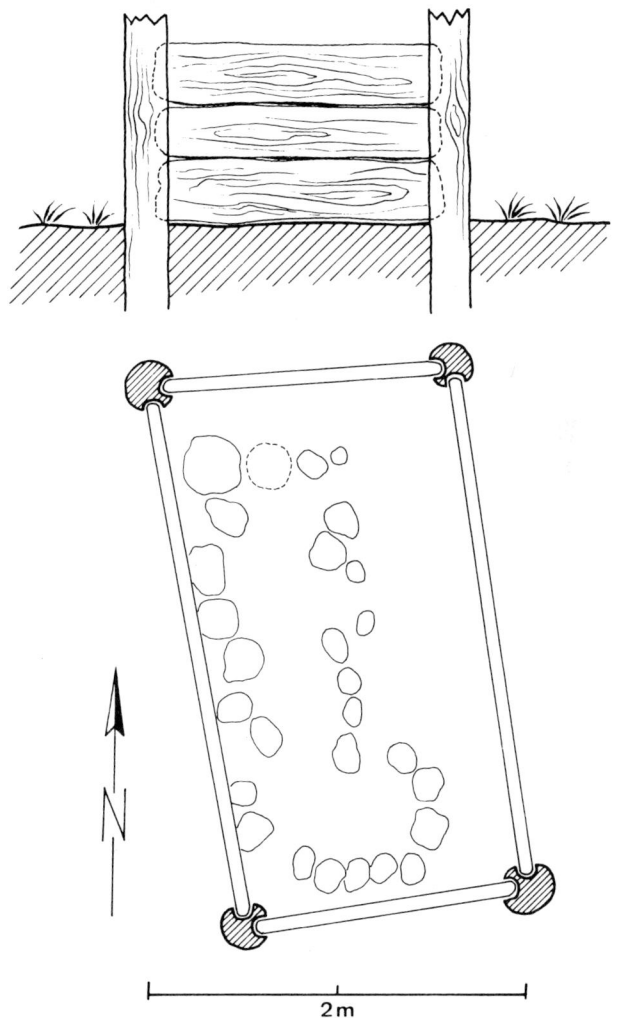

Tarmstedt. Oben: Rekonstruktionsversuch des Wandaufbaues des Totenhauses in Grabhügel 2. – Unten: Grundriß des Totenhauses mit Steinsetzung des Baumsarges.

Totenhäuser stammen aus dem Lüneburger Kulturkreis der Älteren Bronzezeit. Diese Bauten sind jedoch allgemein größer und besitzen mehrere Wandpfosten. Allerdings ist ein bei Schutschur, Kr. Lüchow-Dannenberg, ausgegrabenes Totenhaus einfacherer Bauart und läßt vielleicht einen Vergleich mit dem Tarmstedter Bau zu. Hier wie dort scheint es sich mehr um eine unmittelbare und eng angrenzende Überbauung des aufgebahrten Sarges zu handeln. Beigaben fehlten in beiden Fällen. Desgleichen fehlte Leichenbrand. Daher dürfte – mindestens in Tarmstedt – eine echte Körperbestattung vorliegen.

Im Einzelnen kann über die Bauweise unseres Totenhauses von Tarmstedt kaum etwas Näheres ausgesagt werden. Beachtenswert erscheint jedoch der Bohlen-Befund. Abgesehen von dem Totenhaus von Gödensdorf, Kr. Harburg, wo Lehmbewurfstücke auf Flechtwerkwände schließen ließen, gab es bisher keine weiteren Hinweise für den Wandbau. Jedoch vermutete Wegewitz schon 1949: ,,Wie die Wände (der Totenhäuser) beschaffen waren, darüber haben die Funde uns keine Aufklärung gegeben. Es ist möglich, daß es Bohlenwände gewesen sind." Diese Vermutung dürfte sich in Tarmstedt bestätigt haben.

Die verhältnismäßig gute Erhaltung von Holzbohlen und Holzpfosten ist auf Verkohlung durch Feuereinfluß zurückzuführen. Vermutlich wurde die ganze Anlage nach Beendigung der Bestattungszeremonien niedergebrannt. Somit ließen sich bei der Grabung zahlreiche Holzkohle-Proben für Radiokarbon-Untersuchungen entnehmen. Es ergab sich ein Zeitwert von 1060 ± 45 v. Chr. aufgrund mathematischer Mittelung von sechs Radiokarbon-Datierungen. Damit gehört das Tarmstedter Hügelgrab in eine Übergangsphase von Periode III zu Periode IV nach Montelius. Die bisher bekannten Totenhäuser datieren vom Ende der Periode I an über Periode II/III bis zum Übergang von Periode III zu Periode IV (Schutschur, Kr. Lüchow-Dannenberg). Somit besteht neben der baulichen auch eine zeitliche Parallele zwischen Schutschur und dem Totenhaus von Tarmstedt.

Literatur:
A. Cassau, Zu dem Baumsargfund von Beckdorf, Kr. Stade. Nachr. Niedersachs. Urgesch. 10, 1936, 41 f. – J. Deichmüller, Ein Palisadenhügel mit Baumsargbestattung im Totenhaus bei Tarmstedt, Kr. Bremervörde. Neue Ausgr. u. Forsch. in Niedersachsen 4, 1969, 48 f. – E. A. van Giffen, Die Bauart der Einzelgräber. Mannus-Bücherei 44/45 (1930). – G. Körner, Ein Totenhaus bei Schutschur, Kr. Dannenberg. Niedersachsen 43, 1938, 359. – W. Wegewitz, Die Gräber der Stein- und Bronzezeit im Gebiet der Niederelbe (1949).

J. Deichmüller

Das Steingrab im Eichholz bei Gnarrenburg

Unmittelbar an den nördlichen Ortsrand von Gnarrenburg schließt sich der Staatsforst Eichholz an. In diesem Walde liegt, unweit der Straße, die von Gnarrenburg nach Brillit führt, ein Steingrab in einem etwa 25jährigen Kiefernbestand. Etwa 50 m östlich davon erhebt sich ein großer Hügel, der ebenfalls ein Steingrab bergen könnte. Beide Denkmale sind von mindestens zwölf kleineren Hügelgräbern, die sich z. T. nur sehr schwach im Unterholz des Waldes von ihrer Umgebung abheben, umgeben.

In dem Buch „Die vor- und frühgeschichtlichen Alterthümer der Provinz Hannover" (1893) von J. H. Müller und J. Reimers wird das Steingrab erwähnt. Es muß bereits damals erheblich beschädigt gewesen sein. Später sind noch zwei größere Deck- (?) Steine entfernt worden. Trotzdem wurde das Denkmal im Jahre 1968 vom Verfasser in der Hoffnung auf ein Fundmaterial von wissenschaftlichem Aussagewert und mit dem Ziel der Substanzerhaltung des Objektes im Gelände untersucht und restauriert. Beide Ziele konnten erreicht werden.

Die Steinkammer war von einem dichten Steinmantel aus etwa 6500-7000 Rollsteinen umgeben; er überzog wahrscheinlich ursprünglich auch die heute fehlenden Decksteine in Form einer festen Steinpackung. Diese Steinschicht dürfte nach dem Grabungsbefund ihrerseits mit einer anlehmigen Erdschicht von etwa 0,20-0,30 m Mächtigkeit überhügelt gewesen sein. Möglicherweise war die Hügeloberfläche mit einer Grasnarbe oder mit Heide bewachsen. Der Hügelrand war von einem gut gesetzten Steinkranz umgeben, dessen Steine eine Größe bis zu 0,70 m zu 0,40 m besaßen und meist hochkant gesetzt waren. Im Nordwesten lag außerhalb des Steinkranzes eine sog. Kultnische, ein länglich-ovaler Stein-Halbkreis, dessen Öffnung auf einen großen flachen, fast rechteckigen Stein führte. Im östlichen Hügelrand erweiterte sich der Steinkranz mit einer zweiten Steinreihe auf etwa 2 m Länge. Zwischen beiden Steinreihen lag ein Flintbeil der Einzelgrabkultur.

Die Steinkammer ist im Süden auf der gesamten Länge erheblich gestört. Hier stehen nur noch zwei Trägersteine. Die noch erhaltenen nördlichen vier Trägersteine sind der Größe und dem Material nach uneinheitlich und schlecht gewählt. Sie sind durch den Druck des Steinmantels stellenweise aus ihrer ursprünglichen Richtung geraten. Den nordöstlichen Abschluß der Kammer bildet ein mächtiger Granitblock. Der Torso einer Deckplatte wurde bei der Restaurierung wieder aufgelegt und bedeckt das nordöstliche Ende der Steinkammer. An der südwestlichen Schmalseite fehlt der große Schlußstein; er ließ sich auch nicht als Standspur nachweisen, obwohl sicher keine neuzeitliche Störung stattgefunden hat. An seiner Stelle fand sich ein Wall von großen Rollsteinen, der außerhalb der Kammer unmittelbar in die Rollsteinpackung des Hügels überging.

Der Grundriß der Steinkammer ist infolge der großen Störungen und der recht unregelmäßigen Fluchtlinie auf der nördlichen Längsseite, aber auch wegen des fehlenden südwestlichen Abschlußsteines schwer zu beurteilen. Möglicherweise war er trapezförmig. Der Innenraum der Steinkammer war auf der Südseite stellenweise bis auf die Bodenpflasterung gestört. Der übrige Kammerraum war mit einem Gemisch von anlehmigem Sand, etlichen größeren und kleineren Geröllen sowie Scherben, Flintstücken und Spuren von verkohltem Holz bis etwa 0,50 m unterhalb der Trägerstein-Oberkanten ausgefüllt. Die oberste Schicht war neuzeitlich gestört und recht

Gnarrenburg, Kr. Bremervörde. Oben: Das Steingrab nach der Freilegung. – Unten links: Transport eines Decksteines. – Unten rechts: Das wiederhergestellte Steingrab.

humushaltig; sie reichte fast überall bis an die Oberkanten der Trägersteine.

Dem stellenweise gestörten Erhaltungszustand entsprechend lag das Fundinventar nicht mehr überall in situ. Folgende Fundgruppen lassen sich unterscheiden: Keramik und Pfeilschneiden der Megalith – (Trichterbecher-) Kultur, Keramik, Flint-Pfeilspitzen und Flintbeile der Einzelgrabkultur sowie Urnenscherben aus der Eisenzeit. 456 Scherben konnten 24 verschiedenen Gefäßen der Megalith- bzw. Einzelgrabkultur zugeordnet werden. Insgesamt fanden sich 524 neolithische Scherben. An eisenzeitlichen Urnenscherben und Scherben, die nicht sicher kulturell eingeordnet werden konnten, verblieben 84 Stück.

Zur kulturellen und zeitlichen Einstufung ist folgendes zu sagen: nach Ausweis der Tiefstichkeramik ist das Steingrab frühestens um die Wende vom dritten zum zweiten Jahrtausend erbaut worden. Es sind mehrere Belegungsphasen durch die Träger der Megalith- (Trichterbecher-) Kultur nachzuweisen. Unmittelbar danach – vielleicht auch gleichzeitig? – müssen Vertreter der Einzelgrabkultur mit Becher-Beigaben bestattet worden sein. Ob die Urnenbestattungen während der Älteren Eisenzeit in der Steinkammer oder aber außen direkt vor der Steinkammer erfolgten, ließ sich wegen der starken Störungen auf der Südseite nicht mehr nachweisen.

Literatur:
J. Deichmüller, Das Steingrab im Eichholz bei Gnarrenburg, Kr. Bremervörde. Neue Ausgr. u. Forsch. in Niedersachsen 7, 1972, 24 ff. – A. E. van Giffen, De Hunebedden in Nederland (1925). – H. Knöll, Die nordwestdeutsche Tiefstichkeramik und ihre Stellung im nord- und mitteleuropäischen Neolithikum (1959). – J. H. Müller – J. Reimers, Die vor- und frühgeschichtlichen Alterthümer der Provinz Hannover (1893) 234. – E. Sprockhoff, Atlas der Megalithgräber Deutschlands. Niedersachsen – Westfalen. Hrsg. G. Körner (1975) 17; Taf. 13; Atlasblatt 20. – A. Tode, Neolithische Steingräber aus dem Kreis Goslar. Neue Ausgr. u. Forsch. in Niedersachsen 2, 1965, 89 ff. – W. Wegewitz, Die Gräber der Stein- und Bronzezeit im Gebiet der Niederelbe (1949).

J. Deichmüller

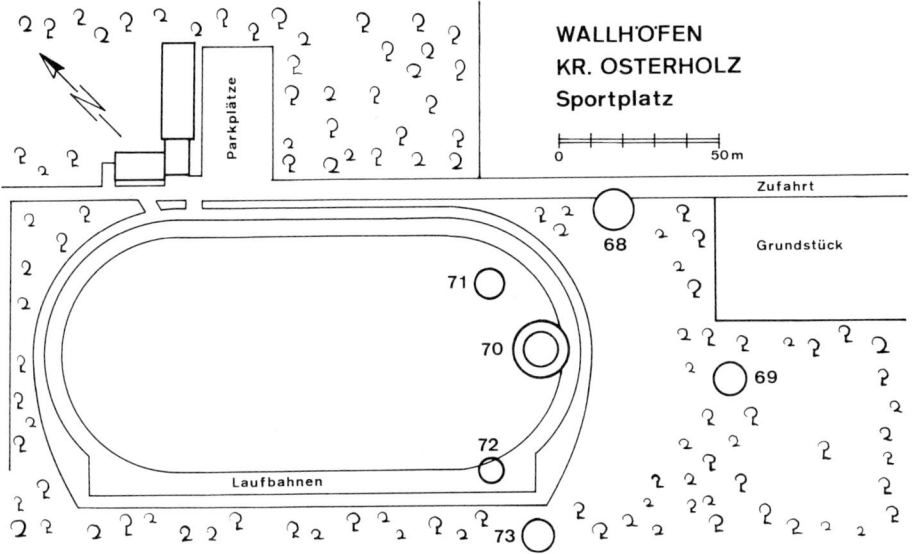

Wallhöfen, Kr. Osterholz. Lage der untersuchten Hügelgräber 68–71 auf dem Sportplatz.

Ein Glockenbechergrab bei Vollersode-Wallhöfen

Die randlichen Geesthöhen des Teufelsmoores nördlich von Bremen sind seit altersher bevorzugte Siedlungsräume gewesen. Ein ganz besonders günstiges Siedlungsgebiet muß für den vorgeschichtlichen Menschen das Gelände um Vollersode-Wallhöfen auf dem westlichen Geestrücken gewesen sein.

Hier lagen bis zum Beginn unseres Jahrhunderts mehr als 40 Hügelgräber der Stein-Bronzezeit sowie fünf Großsteingräber und mehrere Urnenfriedhöfe aus der Jüngeren Bronzezeit und der Älteren Eisenzeit. Während heute die Großsteingräber völlig aus dem Landschaftsbild verschwunden sind, hat sich trotz aller modernen landwirtschaftlichen und sonstigen Maßnahmen noch ein Teil der

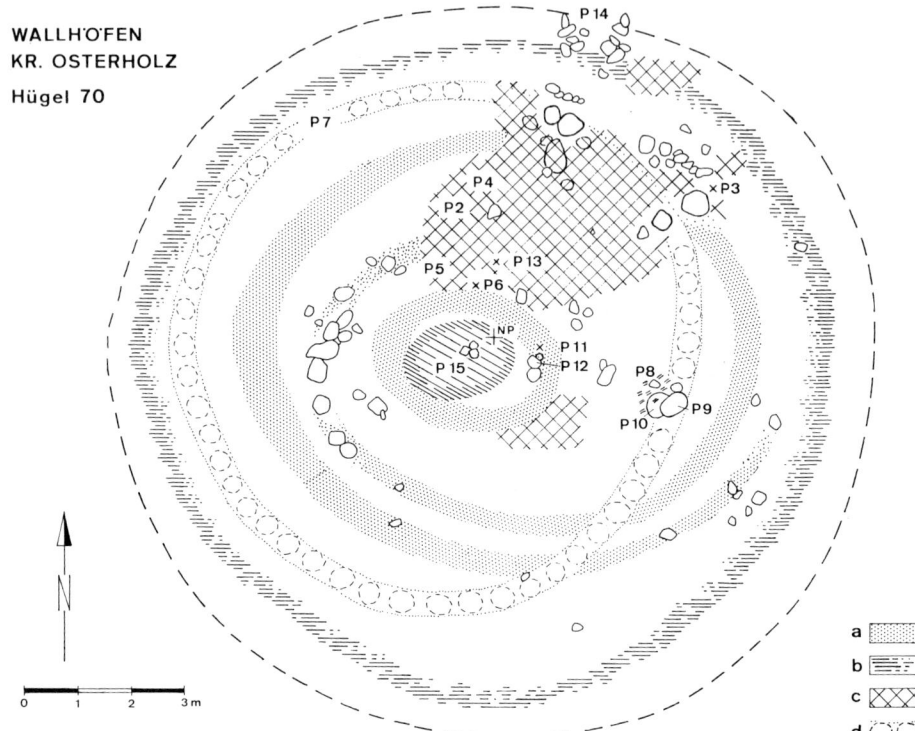

WALLHÖFEN
KR. OSTERHOLZ

Hügel 70

P 14

P 7

P 4
P 2
× P 3

P 5
× P 13
× P 6

NP

P 11
P 15
× P 12
P 8

P 10
P 9

N

0   1   2   3 m

a
b
c
d

Wallhöfen. Plan des Hügelgrabes 70. a Kreisgrabensystem. – b Ortsteinlage. –
c Störungen. – d Steinkranzspuren.

Hügelgräber erhalten. In den letzten Jahren mußte allerdings eine
Hügelgräber-Gruppe wegen der Anlage eines großen Sportzen-
trums um vier Denkmäler vermindert werden. Einer dieser Grabhügel (Nr. 70) hat besondere wissenschaftliche Bedeutung.
Das Grabungsobjekt besaß einen Durchmesser von 15 m und eine
heutige Höhe von etwa 1 m. Diese Maße entsprechen einer mittleren Hügelgrab-Höhe im nördlichen Niedersachsen.
In den neuzeitlichen oberen Störungsschichten kamen Urnenscherben und Leichenbrand zutage. Daneben fanden sich aber auch das

Wallhöfen. Hügelgrab 70 während der Ausgrabung.

Griffende eines Feuersteindolches und zwei Bruchstücke von einer bronzenen Armspirale. In etwas tieferen Schichten wies eine Steinsetzung, zu der auch ein halber Mahlstein gehörte, auf zu erwartende weitere Funde hin. Und tatsächlich kamen darunter Scherben eines Riesenbechers zum Vorschein. Nach vollständigem Freilegen mußte man den Eindruck gewinnen, daß hier nicht die Scherben eines ganzen Riesenbechers vorlagen. Das wurde beim Restaurieren des Gefäßes bestätigt. Es ließ sich jedoch eine Gefäßhöhe von mindestens 25–28 cm und eine Standfläche mit einem Durchmesser von etwa 8 cm rekonstruieren, so daß eine gute Vorstellung von der Form und Größe gewonnen werden konnte.

Ein etwas tiefer liegendes Hügelplanum ließ die Reste eines Steinkranzes erkennen, von dem zumeist nur noch Standspuren angetroffen wurden. Die Steine selbst waren größtenteils schon vor längerer Zeit von Steinsuchern ausgegraben worden. Außer den wenigen noch vorhandenen Steinen befand sich in dem Steinkranz, und zwar ostsüdostwärts vom Mittelpunkt des Hügels, ein großer Findling zusammen mit einer flachen Steinplatte noch in situ. Der große, aufrecht stehende Stein besaß eine gut glattgeschliffene Seite, die zum Hügelzentrum gewendet war. Unmittelbar davor und ebenfalls zur Mitte gerichtet lag die flache Steinplatte; darauf und in der Umgebung verstreut lagen Holzkohleflitter. Außerdem war im gleichen Planum die Füllung eines Grabens zu erkennen, der – gegenüber dem Steinkranz um etwa 1 m nach Osten verschoben – im Grundriß die Form einer Spirale mit zwei Windungen aufwies. Das äußere Ende lag im Südosten, während das innere durch den großen modernen Eingriff im Norden der Anlage zerstört war. Der Umriß dieses Spiralgrabens stellte ein Oval dar, dessen längere Achse in Ost-West-Richtung lag. In der Hügelmitte, etwa im westlichen Brennpunkt des Spiralgraben-Ovals, zeichnet sich eine hell- bis mittelgraue Grabenfüllung von ovaler Form in ostwestlicher Richtung ab. Der Graben hatte eine durchschnittliche Breite von 0,5 m. Dieser Befund deutete auf ein Schachtgrab im Sinne eines Urnengrabes der Einzelgrab-Kultur hin.

Die Umrisse des Schachtgrabes wurden beim Tieferlegen des Planums unter Bodenniveau innerhalb der ovalen Grabenverfärbung immer deutlicher. Der östliche Bogenrand des Grabens war mit neun etwa kopfgroßen Steinen besetzt, die jedoch nicht bis zur Grabensohle hinabreichten; sie lagen in unterschiedlicher Tiefe. Bei 0,60 m Tiefe wurde ein Gefäßrand sichtbar, der beim weiteren Herauspräparieren als aufrechtstehender Glockenbecher erkannt wurde. Weitere Grabbeigaben waren eine Feuerstein-Pfeilspitze sowie ein Feuerstein-Klingenkratzer. Die Grundfläche des ovalen Grabes hatte die Ausmaße 1,50 m zu 1,00 m.

Der zweifellos interessanteste Fund dürfte der Glockenbecher sein. Das vollständig erhaltene Gefäß besitzt ein gedrungenes S-förmiges Profil ohne Bodenabsatz bei größter Weite im untersten Drittel. Der Becher weist folgende Maße auf: Höhe 19,6 cm, Standfläche 7,7 cm, größte Weite 14,3 cm bei 5,3 cm Höhe über dem Boden, Mündungsdurchmesser 15 cm. Die Oberfläche ist sehr gut geglät-

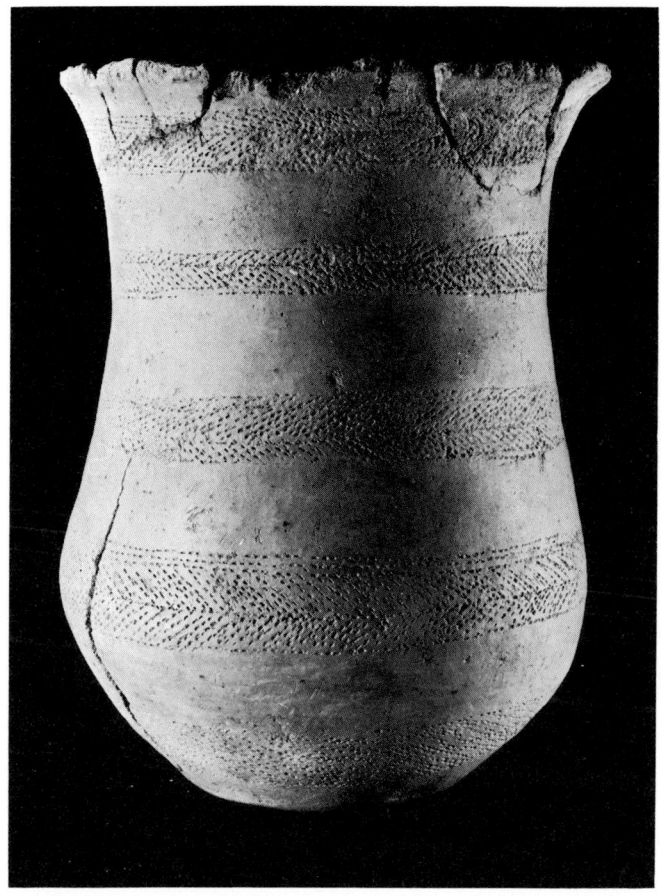

Wallhöfen. Glockenbecher aus dem Hügelgrab 70. M = etwa 1:2.

tet, fast poliert und von hellbraun-rötlicher Farbe; der Ton ist sehr fein geschlämmt und fein gemagert, im Bruch rot mit hellgrauem Mittelstreifen. Der Dekor ist gekennzeichnet durch einen mehrfachen Wechsel von verzierten und unverzierten waagerechten Streifen, die das Gefäß jeweils ganz umlaufen. Die fünf flächig gefüllten

Zierstreifen besitzen eine etwas unterschiedliche Breite, sie sind jedoch fast in gleichen Abständen voneinander über den Gefäßkörper verteilt. Nur der unterste und der oberste Streifen haben einen geringeren Abstand jeweils zur Standfläche bzw. zur Gefäßmündung. Der größte Umfang des Gefäßes wird durch einen besonders breiten Zierstreifen betont. Die Streifen sind, abgesehen von dem untersten, mit alternierenden Schrägstempellinien gefüllt. Der unterste Streifen hat nur eine einfache Schrägstempelschraffierung. Alle Streifen sind von waagerechten, doppelten oder einfachen Stempellinien eingefaßt. Sämtliche Linien und Muster sind mit einem – wahrscheinlich dreizinkigen – Zahnstock- oder Kammstempel eingedrückt worden.

Dieser Bechertyp ist im nördlichen Deutschland, aber auch in den Niederlanden, mehrfach vertreten. Er kann an die Typologie von van der Waals und Glasbergen angeschlossen werden. Danach gehört er zu den Glockenbechern mit „beginnender Zonen-Zusammenziehung" vom Typ 2^{Ib}.

Die Feuerstein-Pfeilspitze ist triangulär und besitzt unseres Wissens bis jetzt keine Parallele im Verband eines geschlossenen Grabfundes in Niedersachsen. Eine solche ist jedoch in den Niederlanden vorhanden. Dort fand sich die trianguläre Flintpfeilspitze ebenfalls als Beigabe zusammen mit einem Glockenbecher vom Typ 2^{Ib}. Der Feuerstein-Klingenkratzer kommt gelegentlich im Grabinventar von Glockenbecher-Bestattungen vor. Er ist jedoch als Beigabe in Gräbern der Einzelgrabkultur im nördlichen Niedersachsen charakteristischer.

Das Schachtgrab ist fast genau in Ost-West-Richtung angelegt worden. Dies entspricht dem Brauch der Einzelgrabkultur, die – wie immer wieder beobachtet wird – bei der Ausrichtung ihrer Gräber diese Himmelsrichtung besonders bevorzugte. Doch sind auch die Glockenbechergräber in den Niederlanden vielfach in Ost-West-Richtung angelegt. Ebenso orientierte Schachtgräber mit echten Glockenbechern fanden sich auch am Nordharz im Kreise Goslar.

Wallhöfen. Feuersteinpfeilspitze aus dem Glockenbechergrab. M = 1:1.

Da sich in dem Grab von Wallhöfen keinerlei Skelettreste, Leichen-
schatten oder sonstige Spuren von dem Hocker mehr feststellen ließen, muß für die mutmaßliche Totenhaltung und -ausrichtung auch
die Lage der Beigaben in Betracht gezogen werden. Diese spricht
für eine linksseitige Hockerlage mit dem Kopf im Osten und der
Blickrichtung nach Süden. Die Beigabe der Flintpfeilspitze – wahrscheinlich geschäftet neben einem Pfeilbogen liegend – weist die Bestattung als Männergrab aus.
Bei der Überlegung, in welchem Maße Einflüsse der nordwestdeutschen Einzelgrabkultur für die Anlage des Glockenbechergrabes
mitbestimmend waren, ist festzustellen, daß die Orientierung des
Grabes und die dementsprechende Ausrichtung des Hockers nicht
notwendigerweise von dieser Kultur entlehnt sein müssen; sie können auch dem Grabbrauch der Glockenbecherkultur entstammen.
Hingegen dürfen die ovale Form des Schachtgrabes, die Oval-Spi-
rale des Kreisgrabensystems sowie die primäre Überhügelung der
Anlage wohl als Elemente der Einzelgrabkultur gedeutet werden,
die von den Trägern der anderen Kultur übernommen worden
sind.
Riesenbecher bzw. -Fragmente kommen gelegentlich in Norddeutschland in Hügelgräbern vor. Sie liegen dann oft an Stellen, die
vielfach kaum eine stratigraphische Einordnung gestatten. Im vor-

liegenden Fall handelt es sich um eine Teilniederlegung eines Riesenbechers. Seine stratigraphische Lage zeigt an, daß der Riesenbecherfund zu der primären Grabanlage der Glockenbecherbestattung gehört. Das heißt also, daß die gleichen Leute, die die Glockenbecherbestattung vornahmen, auch die Riesenbecherfragmente im Zuge der Aufschüttung des Hügels über dem Steingrab „beisetzten". Demnach müßten Riesenbecher und Glockenbecher gleichzeitig benutzt worden sein.

Literatur:
J. J. Butler – J. D. van der Waals, Bell Beakers and Early Metal-working. Palaeohistoria 12, 1966, 42 f. – J. Deichmüller, Ein Glockenbechergrab bei Wallhöfen, Gemeinde Vollersode, Kr. Osterholz. Die Kunde N.F. 25, 1974, 53 ff. – J. Deichmüller, Die Hügelgräber auf dem Sportzentrum Vollersode-Wallhöfen, Kr. Osterholz. Nachr. Niedersachs. Urgesch. 40, 1971, 252 f. – J. Deichmüller, Drei Glockenbecher von Westertimke, Kr. Bremervörde. Nachr. Niedersachs. Urgesch. 35, 1966, 50 f. – A. E. van Giffen, Die Bauart der Einzelgräber. Mannus-Bücherei 44 (1930). – W. R. Lange, Vor- und frühgeschichtliche Funde im mittleren Wesergebiet. Führer zu vor- und frühgesch. Denkmälern 4 (1966) 12 f. – L. Th. Lehmann, Placing the Pot Beaker. Helinium 5, 1965, 1, 24. – H. Schirnig, Eine Brandbestattung in einem Riesenbecher bei Ripdorf, Kr. Uelzen. Neue Ausgr. u. Forsch. in Niedersachsen 7, 1972, 60 f. – E. Schlicht, Die Untersuchung eines Grabhügels bei Wehm, Kr. Aschendorf-Hümmling. Die Kunde N. F. 9, 1958, 135 f. – K. Stegen, Die Glockenbecherkultur in Nordwestdeutschland. Nachr. Niedersachs. Urgesch. 16, 1942, 46 f. – K. W. Struve, Die Einzelgrabkultur in Schleswig-Holstein und ihre kontinentalen Beziehungen (1955). – O. Thielemann, Zwei Glockenbecher-Hockergräber von Weddingen, Kr. Goslar. Die Kunde 8, 1940, 63 f. – J. D. van der Waals – W. Glasbergen, Beaker types and their distribution in the Netherlands. Palaeohistoria 4, 1955, 1 ff. – W. Wegewitz, Eine Schädelbestattung der Einzelgrabkultur. Nachr. Niedersachs. Urgesch. 29, 1960, 6 f.

J. Deichmüller

Appeln, ein Urnenfeld der älteren vorrömischen Eisenzeit

Das für die ältere vorrömische Eisenzeit des Kreises Wesermünde
bestehende Defizit an wissenschaftlich gut dokumentierten Gräber-
funden konnte 1973 etwas ausgeglichen werden. Bei der Flurbereinigung im Raume Appeln wurden in der Nähe einer Sandgrube
durch Planierraupen Urnengräber freigeschoben. Die Arbeiten erlaubten keinen Aufschub, so daß auch hier eine planmäßige Grabung leider nicht durchzuführen war. Insgesamt wurden 50 Urnen
freigelegt, die trotz der ungünstigen Bergungsumstände aber einen
befriedigenden Einblick in die auf diesem Platz gepflegte Bestat-
tungssitte erlauben und einen ausreichenden Überblick über das
Fundmaterial vermitteln.

Der Friedhof von Appeln ist am Abhang einer kleinen Anhöhe gelegen. Ein Grund dafür könnte der weiche, hier anstehende Sand
gewesen sein, der unter einer durchschnittlich 0,30 m mächtigen
Humusschicht das Liegende bildet. Die Urnen – die in anderen Bereichen des Niederelbegebietes zahlreicher vorgefundenen Lei-
chenbrandlager fehlten – waren unterschiedlich tief in den Untergrund eingesenkt worden.

Der Grabbau entspricht dem für die ältere vorrömische Eisenzeit
Norddeutschlands (Stufe von Jastorf, ca. 600-300 v. Chr.) üblichen. Die Urnen standen, in der Regel mit einer Schale bedeckt, in
teilweise umfangreichen Packungen aus Feldsteinen. Verschiedent-
lich war der Abstand zwischen den Gefäßen so gering, daß ihre
gleichzeitige Beisetzung zu vermuten ist. Zumindest kann aber gesagt werden, daß die Gräber durch Markierungen gekennzeichnet
gewesen sein müssen, die eine genaue Plazierung nachträglich ver-
grabener Urnen erlaubten. Da bei der Ausgrabung keine Stelen-
steine gefunden wurden, ist eine Kennzeichnung der Gräber mit
Markierungen aus organischem Material anzunehmen.

Die auf dem Appelner Friedhof freigelegte Keramik kann mit dem
bekannten Formenbestand der älteren vorrömischen Eisenzeit
Norddeutschlands (Jastorf-Kultur) verglichen werden, wenn auch

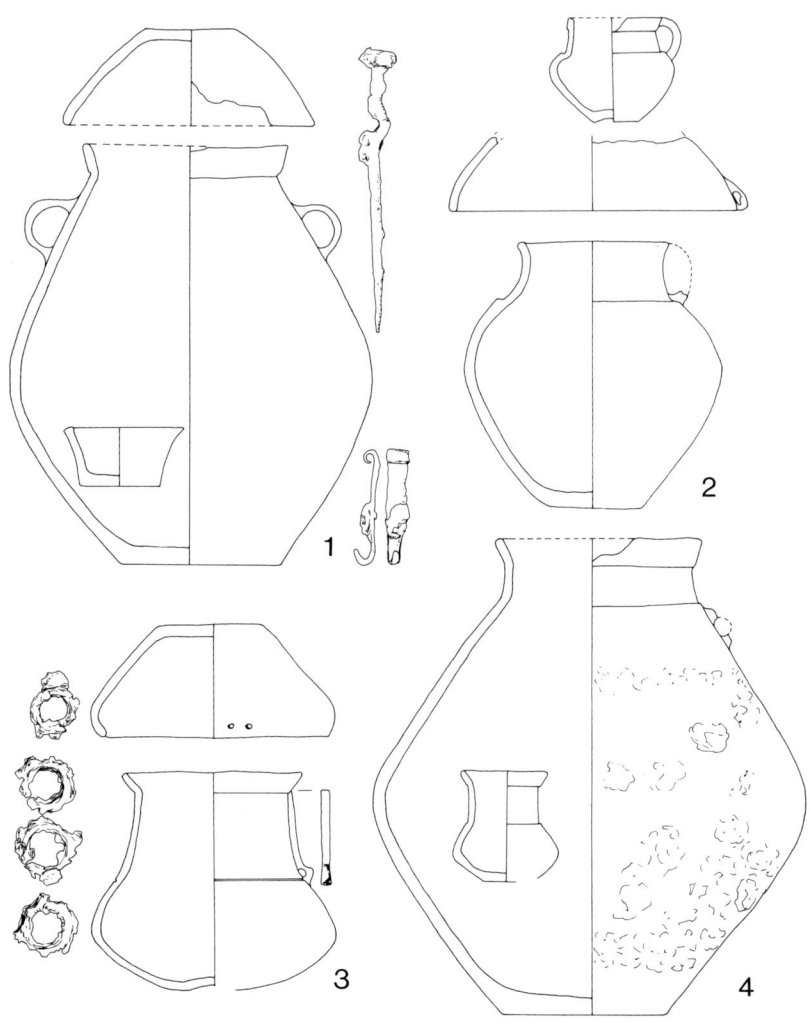

Appeln, Kr. Wesermünde. Urnengräber der älteren vorrömischen Eisenzeit. 1 Grab 40. – 2 Grab 34. – 3 Grab 5. – 4 Grab 48. Keramik M = 1 : 6, Metall M = 1 : 3.

regional bedingte Unterschiede nicht zu verkennen sind. Bei den Urnen überwiegen zwei- und dreigliedrige, unregelmäßig freihand- geformte Töpfe mit einer weiten Spanne von Spielarten, wie sie bei dieser Produktionsmethode üblich sind. Die in den verschiedenen Urnen auf dem Leichenbrand angetroffenen Beigefäßchen – auch diesbezüglich fügt sich dieser Friedhof dem allgemeinen Bild der Jastorf-Kultur ein – bilden formal die größeren Aschengefäße nach, bei denen es sich in der Regel um Gebrauchsware des täglichen Le- bens handelt.

Gegenstände aus Metall wurden nur wenige gefunden. Vereinzelt lagen Kropfnadeln und kleine eiserne Zungengürtelhaken im Lei- chenbrand. Sie dienten zum Feststecken der Kleidung und waren – soweit sich dies an den sehr verrosteten Exemplaren noch erkennen ließ – in der Regel mit auf den Scheiterhaufen gelangt. Interessant ist eine gekröpfte Ringkopfnadel aus Grab 3, auf der sich durch Rost- versinterung Zinkenabdrücke eines Knochen- oder Hornkammes erhalten haben. Neben Nadeln und Gürtelhaken wurden in mehre- ren Gräbern kleine Eisenringe gefunden, über deren ursprüngliche Funktion leider keine eindeutigen Aussagen getroffen werden kön- nen.

Auffällig ist das Fehlen des auf weiter östlich gelegenen Friedhöfen der Jastorf-Kultur üblichen Ringschmuckes aus Bronze. Segel- und Spiral- bzw. Schleifenohrringe, Halsringe, aber auch Heitbracker und Tinsdahler Fibeln sowie Scheibenkopfnadeln fehlen nicht nur auf dem Friedhof von Appeln, sondern auch in weiten Teilen des Elbe-Weser-Dreiecks. Hier werden im Detail Unterschiede deut- lich, die es erlauben, diesen Bereich des Elbgebietes von den weiter östlich gelegenen Gebieten abzusondern. Man darf vermuten, daß sich in diesem Sachverhalt Stammesunterschiede widerspiegeln.

Literatur:
H. Aust, Kreis Wesermünde und Kreis Land Hadeln. B 150: Größere Fundbergun- gen und Ausgrabungen. Appeln, Kr. Wesermünde. Nachr. d. Marschenrates z. Förderung d. Forschung im Küstengeb. d. Nordsee 10, 1973, 27. – H.-J. Häßler,

Zur inneren Gliederung und Verbreitung der vorrömischen Eisenzeit im südlichen Niederelbegebiet. Materialh. z. Ur- und Frühgesch. Niedersachsens (im Druck).

H.-J. Häßler

Der älterbronzezeitliche Grabhügel Frelsdorf 26

Bei Kultivierungsarbeiten unmittelbar neben dem Aussiedlerhof Lüken südlich des Weges Frelsdorf-Wollingst, Kr. Wesermünde, wurde 1963 ein 2 m hoher Grabhügel von 22-24 m Durchmesser zur Hälfte eingeebnet. Die andere Hälfte ragt noch heute in den angrenzenden Interessentenforst ,,Bockhorst'', in dem noch acht kleinere Hügel – davon sieben in fast gerader Linie hintereinander – liegen. Durch sofortige Fundmeldung des Bauern Lüken nach Anpflügen der ersten Steine und durch die Mitwirkung der Lehrer und Ortsheimatpfleger Lingling und Roppel konnten der Verfasser und seine Mitarbeiter am 17.5.1963 den eingeebneten Hügelteil und die darin vollständig erhaltene Grabpackung untersuchen.

Am Hügelrand wurden zunächst Scherben und Knochen geborgen, die Reste einer zerstörten Nachbestattung aus der Periode V der Bronzezeit. Der Hügelkern war aus Plaggen aufgeschichtet. Die Steinpackung, exzentrisch zum Hügelmittelpunkt errichtet, bestand aus einem rechteckigen Unterlager von 30-50 cm großen Findlingen. Der Innenraum für den Baumsarg war 2,90 m lang und 0,60 m breit. Darüber war ein etwa 0,50 m hoher Haufen kindskopfgroßer Feldsteine aufgeschichtet, der das Unterlager nach Länge und Breite überdecken sollte.

In dem durchlässigen Sandboden waren alle organischen Bestandteile der Bestattung vergangen. Der Tote muß mit dem Kopf nach Westen gelegen haben. An der linken Seite bis in Brusthöhe lagen ein bronzenes Griffzungenschwert und unmittelbar unter dem

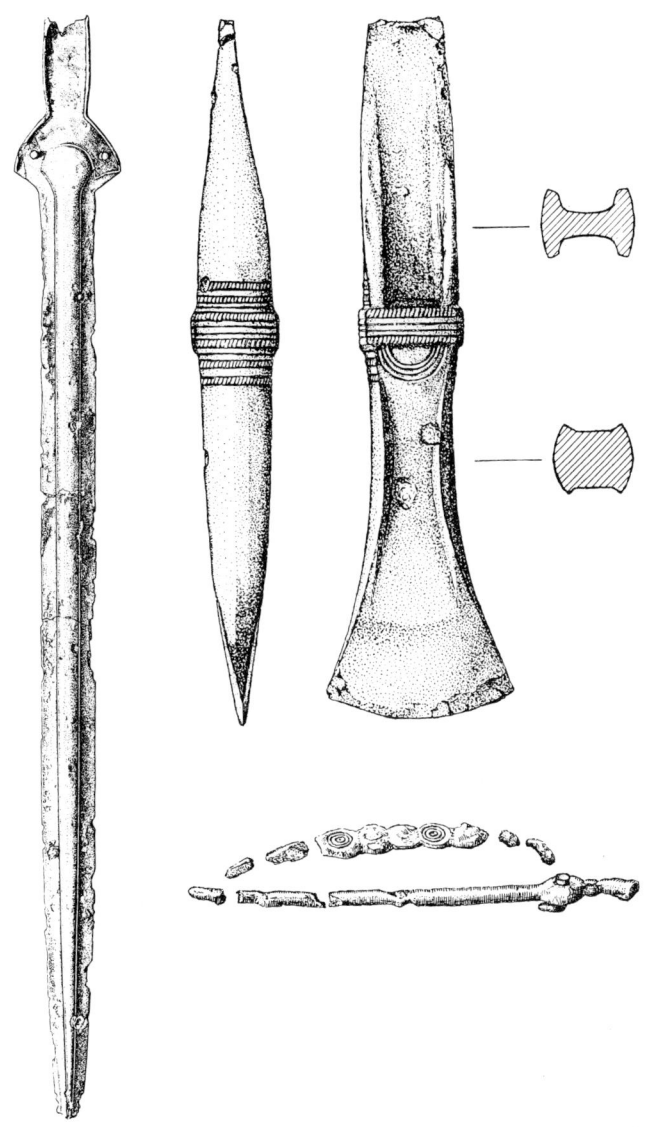

Die Beigaben aus dem Hügelgrab von Frelsdorf, Ldkr. Wesermünde. Zentralmagazin des Ldkr. Wesermünde. Schwert M etwa 2 : 9, sonst M etwa 2 : 3.

Schwertheft ein Absatzbeil. In Brusthöhe fanden sich die Reste einer zweiteiligen Fibel.

Das 65,2 cm lange Schwert gehört zum Typ der „alten" Griffzungenschwerter. Auf dem halbkreisförmigen Heftausschnitt befinden sich zwei Halteniete für die Griffplatte. Unter der Griffzunge lag ein doppelköpfiger Bronzeniet. Geringe Holzreste der unteren Griffplatte und Scheide waren noch vorhanden, ebenso ein Lederrest, neben dem noch zwei winzige Bronzeniete steckten. Das 14,1 cm lange Beil mit rechteckigem Absatz ist ein Vertreter des „nordischen" Typs und mit Zierbändern und halbkreisförmigen Rillen versehen. Die stark zersetzte zweiteilige Fibel besaß einen schmalen Bügel mit Kreisverzierungen. Dieses Grab gehört also in die Periode Montelius II der Bronzezeit.

Im Zentrum, das noch nicht untersucht wurde, muß es noch ein älteres Grab geben, vielleicht aus der Periode I. In dem freigelegten Teil zeigte sich nämlich ein Kreisgraben von mindestens 3 m Radius. Das oben beschriebene Grab lag über diesem Graben, in dem sich eine Scherbe der frühbronzezeitlichen „Kümmerkeramik" mit Randleiste fand.

Literatur:

H. Aust, Ein Grabfund der älteren Bronzezeit aus Frelsdorf, Kr. Wesermünde. Germania 43, 1965, 368-370.

H. Aust

Die bronzezeitliche Steinkiste von Heerstedt

Bis 1938 lag auf der höchsten Stelle einer Geestkuppe vor dem Großen Moor, 1 km südsüdwestlich des Bülter Sees und 300 m nördlich der Straße Heerstedt-Lohe, der „Lange Berg" (plattdeutsch „Langenbarg") von Heerstedt, ein 15 m langer, 6 m breiter und 2 m ho-

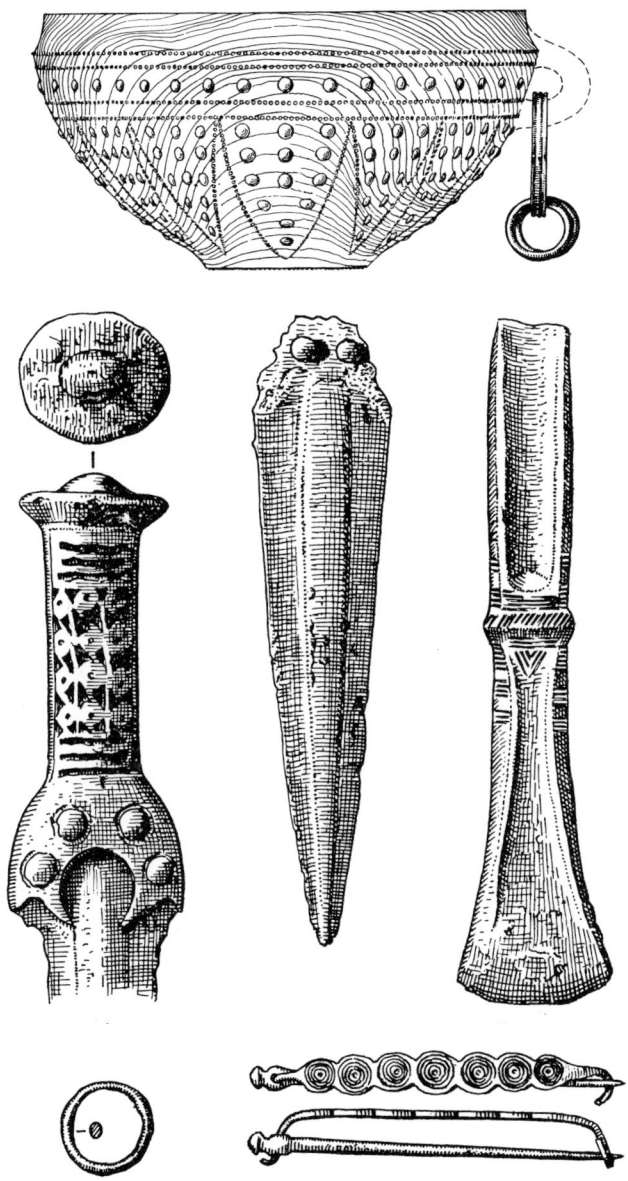

Heerstedt, Kr. Wesermünde. Die Funde aus dem Steinkammergrab. Morgenstern-Mus. Bremerhaven. Holzschale M = 1:4, Bronzen M = 1:2.

her Grabhügel. 1935 stieß der Landwirt Breden bei Rodungsarbeiten und Sandentnahmen auf der Kuppe des „Langen Berges" zunächst auf eine nachbestattete Urne und Scherben und später auf die Steinkiste. Eine von Lehrer Bomhoff veranlaßte Grabung führte 1938 der Archäologe und damalige Leiter des Morgenstern-Museums Dr. Barnim Lincke durch. Nach dem Kriege fertigte Regierungsrat Pfeiffer aus den nachgelassenen Aufzeichnungen einen nachträglichen Fundbericht an, den K. H. Jacob-Friesen veröffentlichte.

Der Hügel, von dem Lincke einen Rest für spätere Untersuchungen stehen ließ, enthielt eine aus Findlingen und Granitplatten erbaute Steinkiste. Sie ist innen 2 m lang und 1 m breit und wurde nach der Ausgrabung in ihrer ursprünglichen Form wieder hergerichtet. Möglicherweise enthielt die Steinkiste noch einen Baumsarg, worauf Holzreste unter dem erhaltenen Schädel hindeuten. Der Tote war mit dem Kopf nach Westen beigesetzt. Ihm war folgende Ausstattung mitgegeben:

1) Ein 79 cm langes Vollgriffschwert aus Bronze in einer Holzscheide. Es lag längs des rechten Armes des Toten, der Griff in Augenhöhe.

2) Ein 17,9 cm langes „nordisches" Absatzbeil, das schräg auswärts von dem Schwert lag, mit der Schneide zum Körper gerichtet.

3) Ein Dolch mit Holzscheide, der auf der linken Seite in Hüfthöhe lag und von dessen vergangenem Griff sich noch acht Ziernägel fanden, ohne Griff noch 16,8 cm lang, mit vier Pflocknieten.

4) Eine Bronzefibel mit schmalem Bügel und sieben Kreisverzierungen darauf, gefunden auf der rechten Seite des Toten.

5) Ein bronzener Fingerring von 2,5 cm Außendurchmesser aus der Gegend der linken Hand.

6) Eine mit Ziernägeln beschlagene Holzschüssel (s. auch Bd. 29, S. 144) auf einer Steinplatte in der Nordwestecke des Grabes. Die kreisrunde Schüssel aus Esche, Eibe oder Ahorn war 14 cm hoch, der untere Durchmesser beträgt 8,5 cm, der obere Innen-

durchmesser 25,5 cm. Die vielen Bronzestifte und etwa 250 Zinnblechbuckel bildeten Muster, darunter einen zwölfstrahligen Stern. Ein großer Bronzering mit zwei kleineren Ringen daran muß an einem Henkel gehangen haben, der sich nicht mehr rekonstruieren ließ.

Die Funde sind in die Periode II der Bronzezeit (etwa 1500-1250 v. Chr.) einzustufen. Präparation und Restaurierung der Funde wurden im Römisch-Germanischen Zentralmuseum Mainz durchgeführt. Leider gingen die Originale beim Brand des Freilichtmuseums Marschenhaus in Bremerhaven-Speckenbüttel 1946 verloren. Die Gemeinde Heerstedt nahm die verzierte Holzschüssel in ihr Wappen auf.

Literatur:

K. H. Jacob-Friesen, Einführung in Niedersachsens Urgeschichte II: Bronzezeit [4](1963) 292-298. – U. Fischer, Zu der bronzezeitlichen Holzschale von Heerstedt im Kreise Wesermünde. Jahrb. RGZM 1, 1954, 15-27.

H. Aust

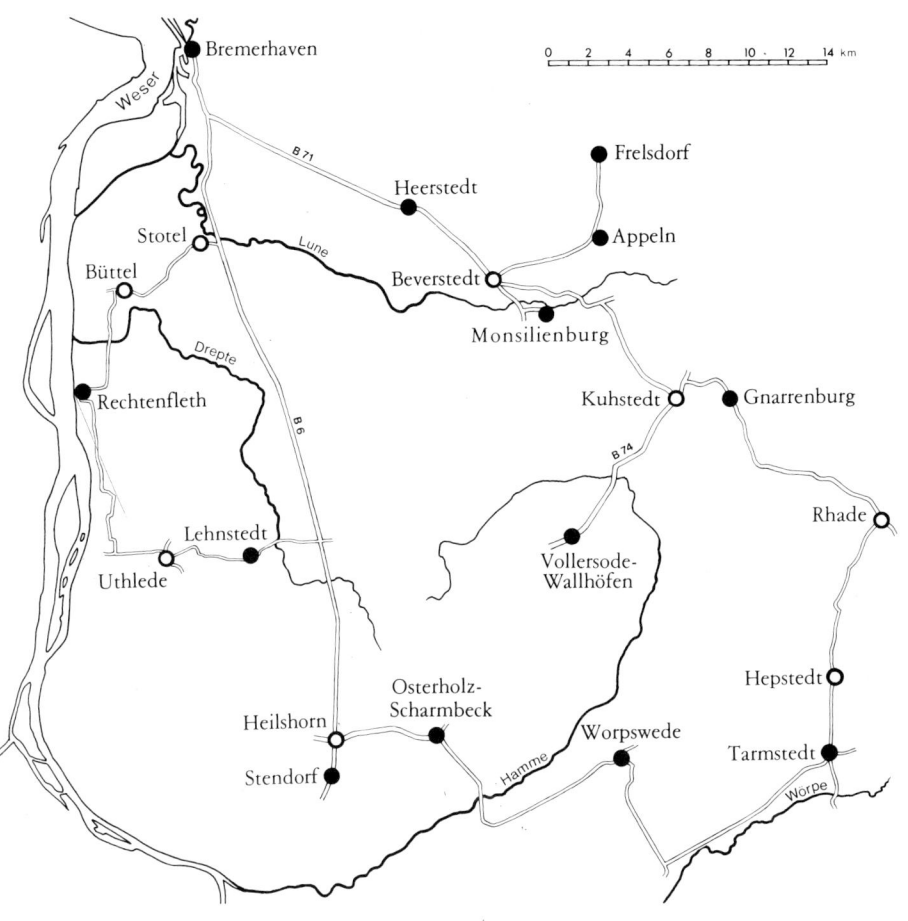

II. EXKURSION:
OSTERHOLZ-SCHARMBECK –
WORPSWEDE – GNARRENBURG

Nachtrag
DIE MONSILIENBURG

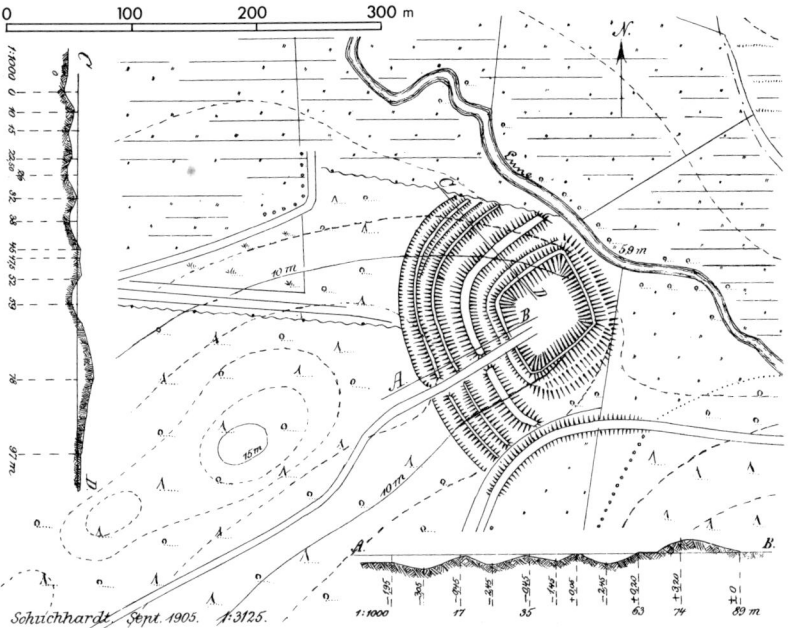

C. Die Monsilie bei Stemmermühlen (Kirchwistedt).

Die Monsilienburg bei Beverstedt (nach C. Schuchhardt).

Die Monsilienburg bei Beverstedt

ZUFAHRT: Die Landstraße von Beverstedt in südlicher Richtung nach Wellen, etwa 300 m nach Überqueren der Lune links ab in östlicher Richtung. Nach etwa 1 km auf einem befestigten Waldweg erreicht man die Monsilienburg.

Südlich der breiten und feuchten Flußniederung der Lune erheben sich auf einem nach Nordosten vorspringenden Geestrücken, unmittelbar am Ufer des Flusses gelegen, die noch heute bedeutenden Erdwälle eines der eindrucksvollsten obertägigen Geländedenkmäler des Landkreises Wesermünde, die Monsilienburg. Den Kern der

Anlage bildet ein gut 3 m hoher, nach beiden Seiten verstürzter Ringwall, der eine annähernd runde bis ovale Form von etwa 70 m x 70 m aufweist. Der von Schuchhardt und v. Oppermann angefertigte Plan der Monsilie mit ihrem rhombischen, fast rechteckigen Grundriß des Kernwerks trifft somit nicht ganz zu.

Von besonderem Interesse sind die drei mächtigen Abschnittswälle und Gräben, die der Burg im Norden und Westen direkt vorgelagert sind. In einigem Abstand davon kann man im von Bäumen bestandenen westlichen Vorgelände noch einen weiteren Abschnittswall erkennen, der auf dem alten Plan nicht verzeichnet ist. Allem Anschein nach handelt es sich also um eine mehrteilige Burganlage, die aus einem Ringwall mit unmittelbar vorgelegten Abschnittswällen und aus einer durch einen Außenwall geschützten Vorburg besteht.

Da weder die Wälle noch die Innenflächen der Monsilienburg bisher archäologisch untersucht werden konnten, ist ihre zeitliche Einordnung nur durch Vergleich mit ähnlichen Anlagen zu ermitteln. Größe und Gestalt stellen sie fraglos in eine Reihe mit der Schwedenschanze bei Groß-Thun, der Heilsburg bei Heeslingen, der Altenburg bei Sandbostel und der Holzurburg bei Bederkesa. Damit gehört die Monsilienburg zu jener großen Gruppe von frühmittelalterlichen Burgen des 9.–11. Jahrh. im Elb-Weser-Dreieck, die K. Weidemann zusammenfassend behandelt und als frühe Verwaltungszentren dieser damals noch ausgedehnten Königsgutlandschaft gedeutet hat (vgl. Band 30, 165–211).

Einer Datierung der Monsilienburg ins 9./10. Jahrh. entsprechen vor allem die noch heute erkennbaren mächtigen Vorwälle der Hauptburg, die einst für heranreitende Kavallerie ein fast unüberwindliches Annäherungshindernis gebildet haben müssen und die berittene Truppen zum Absteigen zwingen sollten. Ähnliche Reiterhindernisse gleicher Zeitstellung sind aus den unterschiedlichsten Gegenden Deutschlands bekannt, wie beispielsweise auf der Birg bei Hohenschäftlarn/Oberbayern (vgl. Band 18, 222–238) und auf dem Christenberg bei Münchhausen/Hessen (vgl. Band 1,

Die Vorwälle der Monsilienburg von Westen.

47–49). Ihre Hauptbedeutung besaßen solche Befestigungen während des 9.–11. Jahrh. in der Abwehr meist zu Pferde kämpfender Verbände, mögen es im Süden eher Ungarn, im Norden dagegen überwiegend Normannen gewesen sein.

Auch die Monsilienburg wird daher zu einem guten Teil die Funktion eines Refugiums erfüllt haben, in das sich die Bevölkerung der umliegenden Höfe mit ihren Habseligkeiten bei Gefahr flüchten konnten. Doch muß diese Anlage darüber hinaus schon in früher Zeit eine wichtige Rolle bei der kirchlichen und weltlichen Verwaltung des großen zu vermutenden Königsgutkomplexes zwischen Geeste und Lune gespielt haben, der spätestens 1063 dem Hochstift Bremen übertragen wurde (vgl. Band 29, 253 ff. und 30, 169).

Graben und Hauptwall der Monsilienburg von Südwesten.

Mittelpunkt dieses riesigen Gebietes, das sich im Westen bis an die Weser und im Osten bis an die Oste erstreckte, war seit altersher Beverstedt, nur 3 km von der Monsilienburg entfernt. In Beverstedt befand sich die vielleicht schon ins 10. Jahrh. zurückreichende Mutterkirche einer ausgedehnten Urpfarrei – Schutzheilige waren St. Maria, St. Peter und die heiligen Märtyrer Fabian und Sebastian – und ein angeschlossenes Sendgericht für die niedere kirchliche Gerichtsbarkeit. Im Mittelalter war der Ort ferner Zentrum einer Börde (steuerlicher Verwaltungsbezirk) innerhalb des bremischen Amtes Bremervörde, bevor er später selbst Verwaltungs- und Gerichtssitz eines eigenen Amtes bzw. Erbgerichtes wurde. Der große Wirtschaftshof Beverstedt diente außerdem während eines längeren

Zeitraumes der Versorgung der erzbischöflichen Hofhaltung in Bremervörde.

Bis in die Neuzeit hinein war Beverstedt demnach kirchlicher, politischer, rechtlicher und wirtschaftlicher Mittelpunkt eines ausgedehnten Bezirkes, dessen Strukturierung offenbar bis ins frühe Mittelalter zurückreichte. Der nahegelegenen Monsilienburg dürfte beim Ausbau der königlichen Herrschaft, später der erzbischöflichen Landesherrschaft eine nicht geringe Bedeutung zugekommen sein.

Sollte sich die Identität der Monsilienburg mit jenem, im Jahre 1212 von den aufständischen Stedingern zerstörten und völlig geschleiften erzbischöflichen *castrum Monsowe* erweisen lassen – woran eigentlich nicht gezweifelt werden kann –, so haben wir hier eine der wenigen frühmittelalterlichen Burgen vor uns, die nicht – wie sonst üblich – bereits im 11. Jahrh. ihre Funktion verloren, sondern die noch bis zum Beginn des 13. Jahrh. Bestand hatten.

Literatur:
A. von Oppermann – C. Schuchhardt, Atlas vorgeschichtlicher Befestigungen in Niedersachsen (1888–1916) 110 Nr. 145 und Blatt 73, C.

H. W. Böhme